Schon gewußt

STEVE PARKER

Alltagsdinge
und wie sie funktionieren

ERKLÄR-BUCH MIT FRAGEN UND ANTWORTEN

AUS DEM ENGLISCHEN VON CHRISTIAN BISCHOF

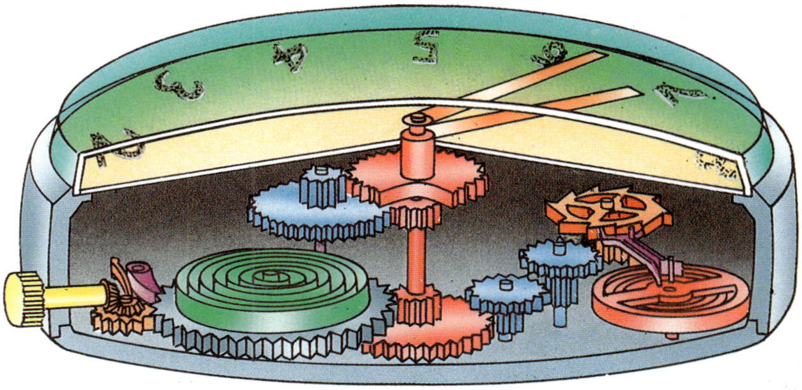

Franz Schneider Verlag

Inhalt

Die Deutsche Bibliothek - CIP-Einheitsaufnahme

Alltagsdinge und wie sie funktionieren : Erklär-Buch mit Fragen und Antworten / Steve Parker. Aus dem Engl. von Christian Bischof. [Ill.: Peter Bull ; Jan Moores]. - München : F. Schneider, 1992
(Schon gewusst)
Einheitssacht.: Everyday things & how they work <dt.>
ISBN 3-505-04690-6
NE: Parker, Steve; Bull, Peter; EST

Originaltitel: Everyday Things & How They Work
erschienen 1991 bei Kingfisher Books

Herausgeberin der Reihe: Jackie Gaff
Übersetzung aus dem Englischen:
Christian Bischof
Titelbild: Chris Forsey
Umschlaggestaltung: Adolf Bachmann
Lektorat: Susanne Härtel
Herstellung und Satz: prepress München
Printed in Germany
ISBN: 3-505-04690-6

Der Direkt-Vertrieb dieses Buches
erfolgt durch die HORIZONT VERLAG GMBH,
Filderstadt, mit Genehmigung von
Grisewood & Dempsey.
Nachdruck in 1996.

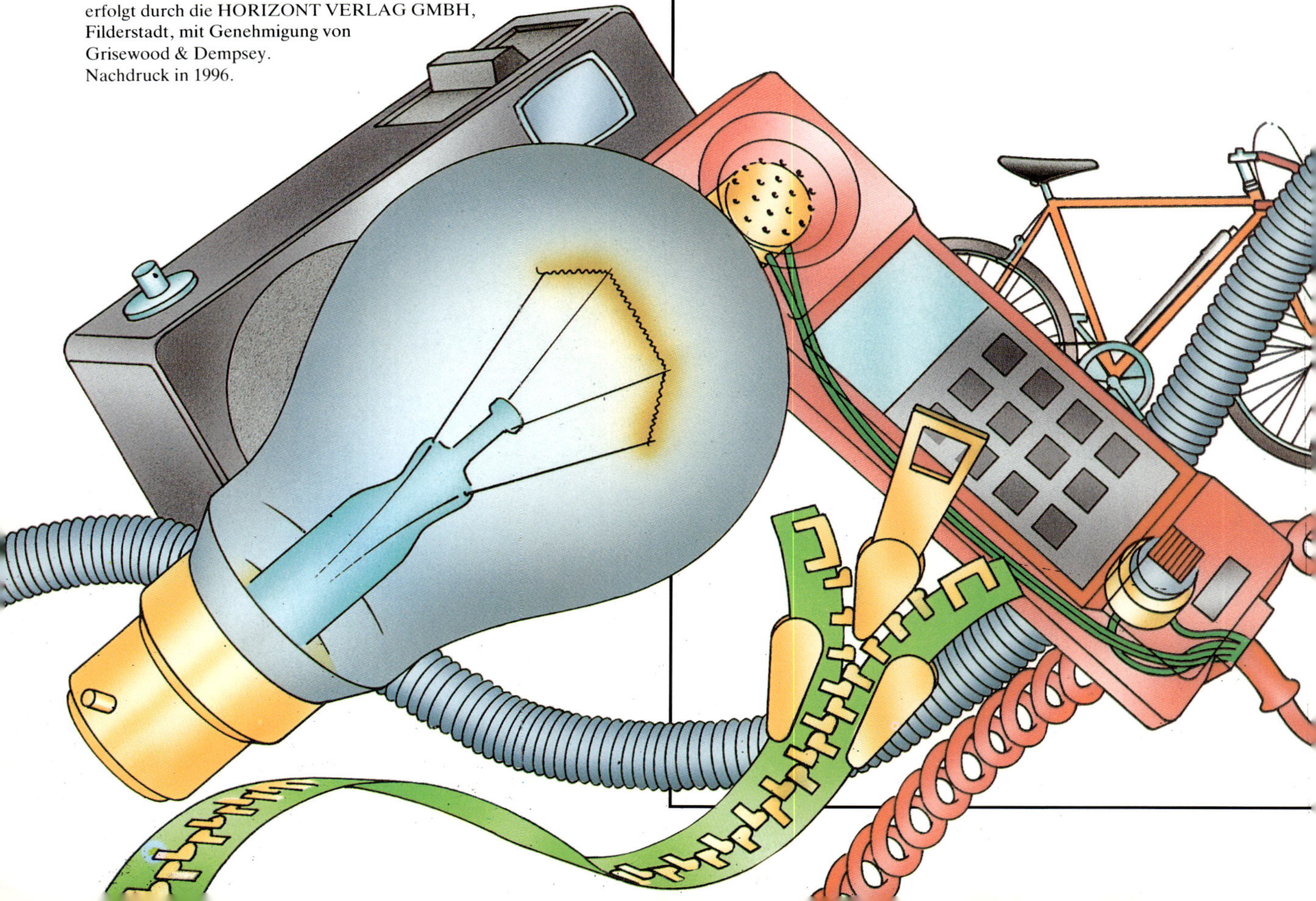

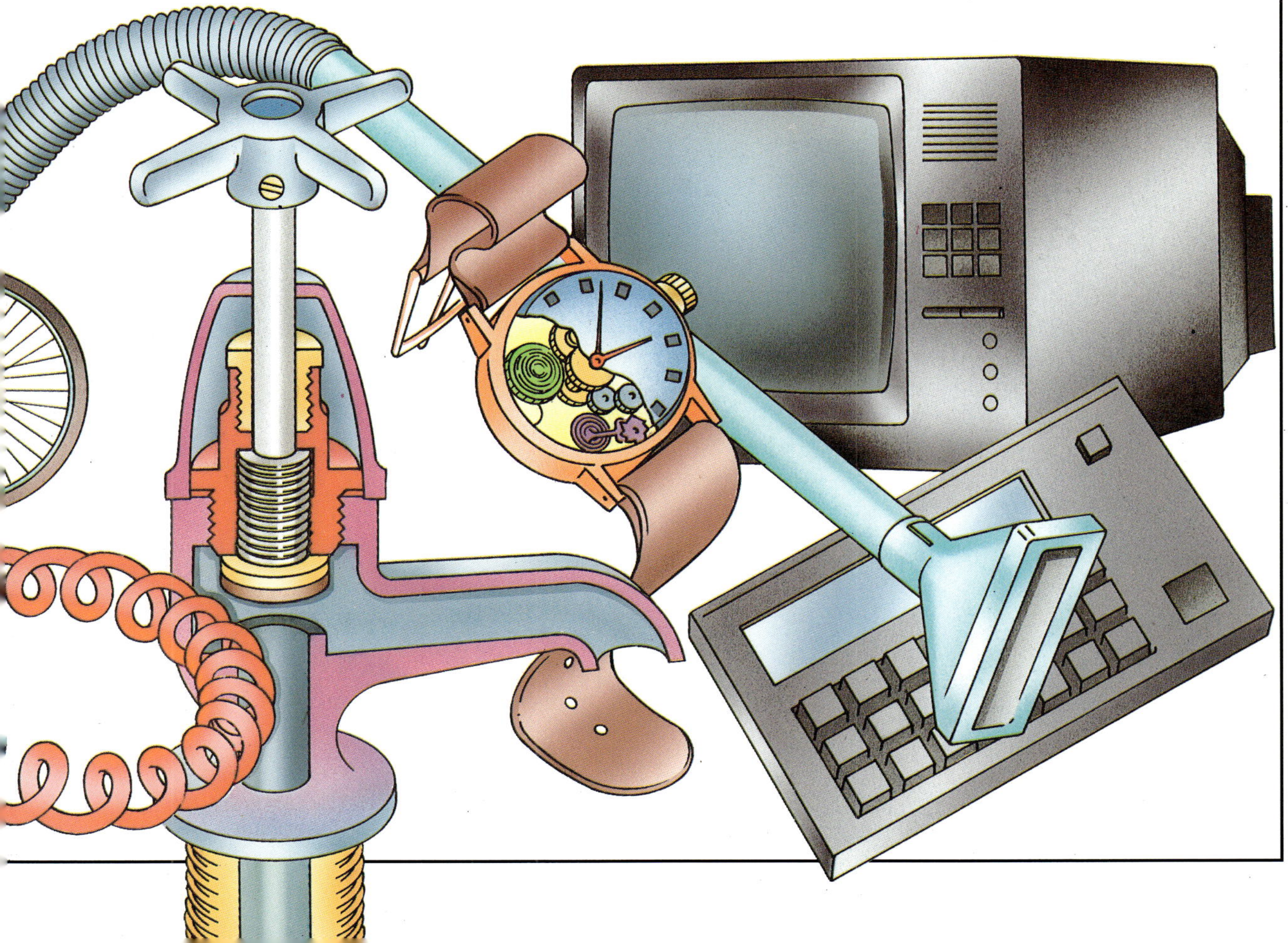

Woher kommt der elektrische Strom?

Elektrischer Strom kommt aus einem Kraftwerk. Dort wird durch Kraft ein großes Rad in Bewegung gesetzt, das wiederum eine riesige Maschine antreibt. Diese Maschine heißt Generator, und sie erzeugt den Strom. Die Kraft, die das Rad antreibt, wird durch Verbrennung von Öl oder Kohle gewonnen. Manchmal wird auch Wasser- oder Kernkraft genutzt.

FINGER WEG!

Der Strom aus Steckdosen ist sehr stark. Steck daher nie Dinge in die Steckdose! Der elektrische Schlag kann tödlich sein!

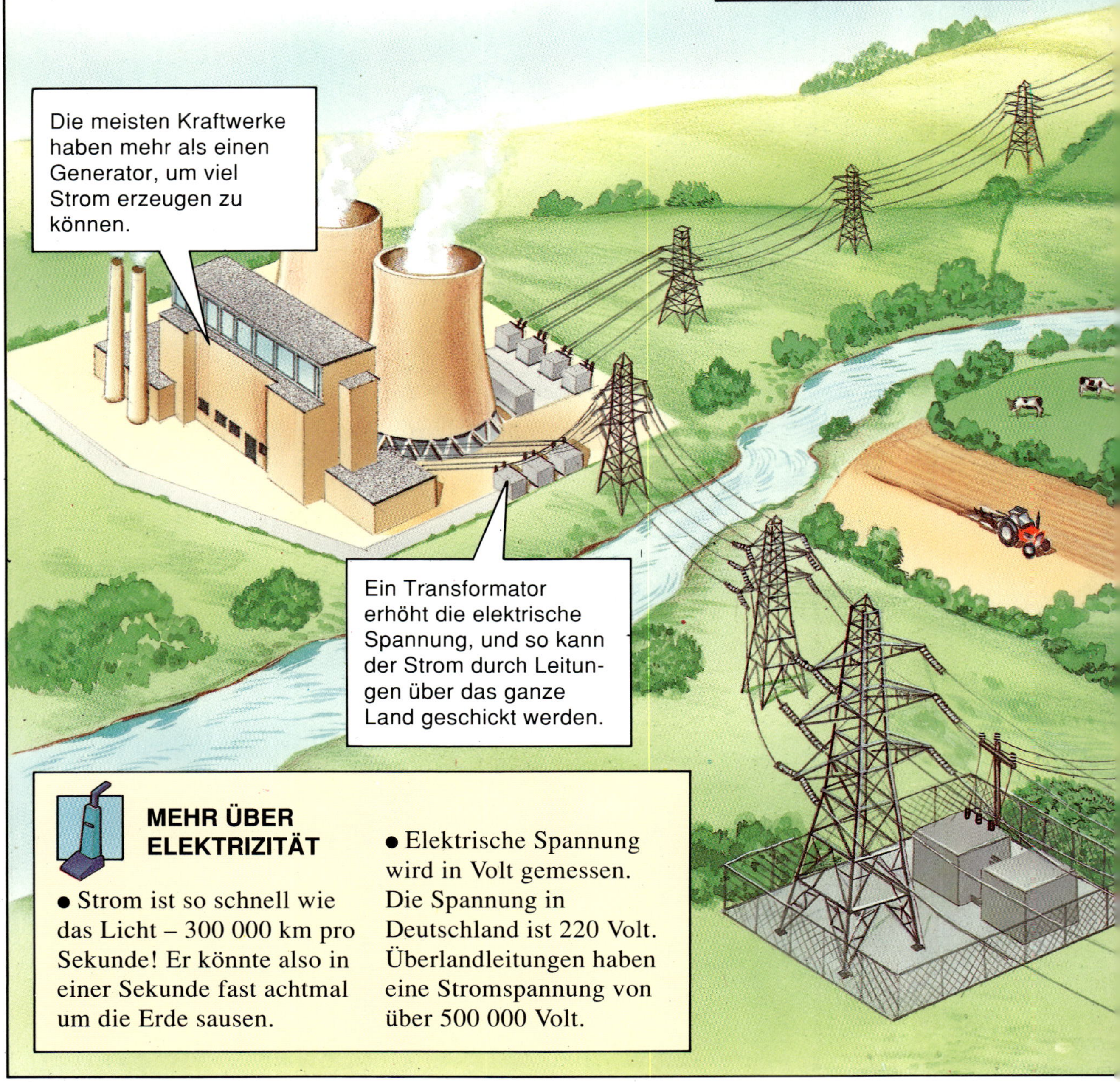

MEHR ÜBER ELEKTRIZITÄT

- Strom ist so schnell wie das Licht – 300 000 km pro Sekunde! Er könnte also in einer Sekunde fast achtmal um die Erde sausen.
- Elektrische Spannung wird in Volt gemessen. Die Spannung in Deutschland ist 220 Volt. Überlandleitungen haben eine Stromspannung von über 500 000 Volt.

STATISCHE ELEKTRIZITÄT – SELBSTGEMACHT

Statische Elektrizität ist Strom, der nicht fließt. Reibe einen Luftballon an einem Wollpullover. Die dabei entstehende Aufladung läßt ihn an Decke oder Wänden klebenbleiben.

Warum leuchten Glühbirnen?

Glühbirnen leuchten, weil der dünne Draht im Innern, Glühfaden genannt, sehr heiß wird. Wenn du das Licht einschaltest, fließt Strom durch ein Kabel und gelangt in die Glühbirne. Der Strom muß sich durch den dünnen Glühfaden zwängen, der dadurch glühend heiß wird und Licht ausstrahlt.

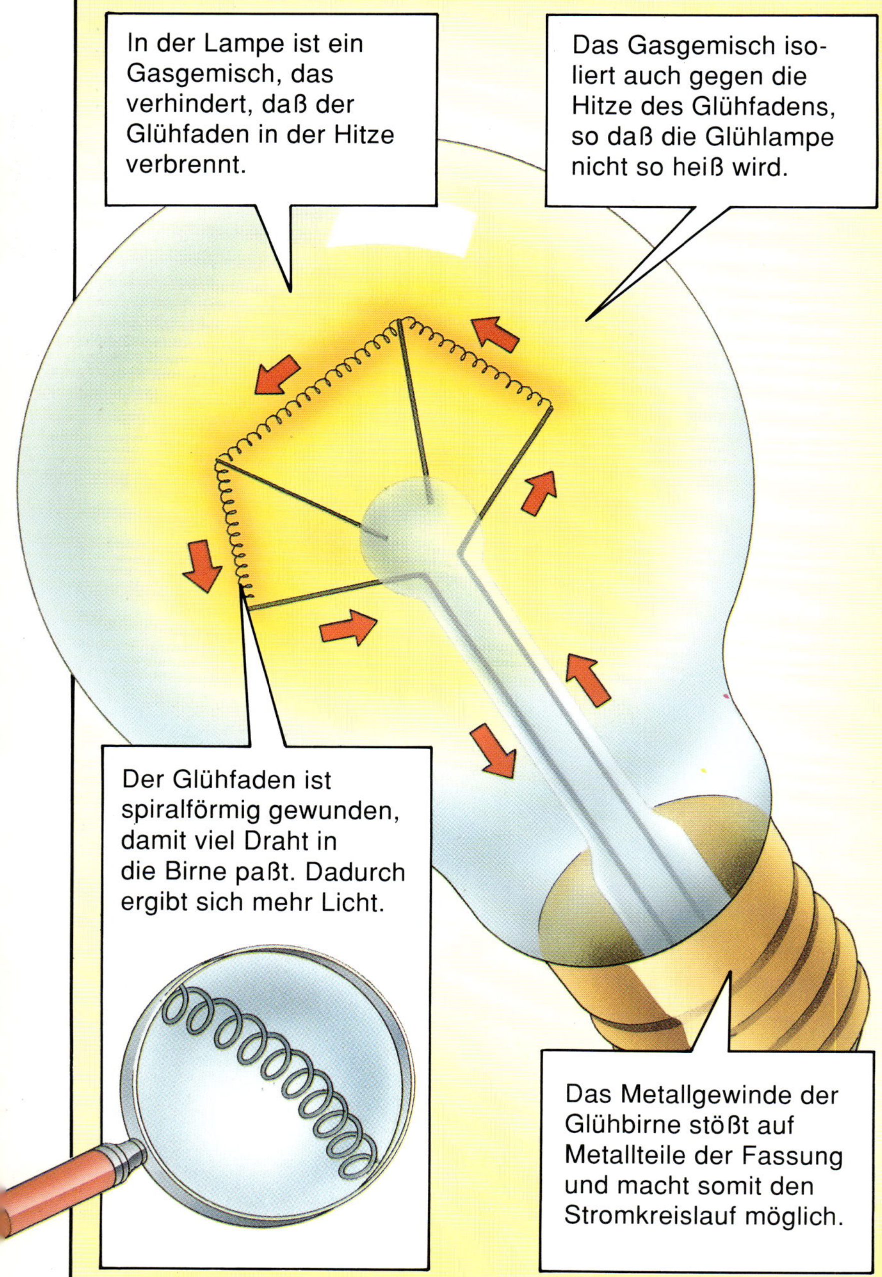

STROMKREIS SELBSTGEMACHT

Strom muß im Kreis fließen, damit Geräte funktionieren.

1 Befestige zwei Drahtstücke mit Reißnägeln auf einem kleinen Brett.

2 Verbinde einen Draht mit einer Batterie, den anderen mit einer Birne und diese ebenfalls mit der Batterie.

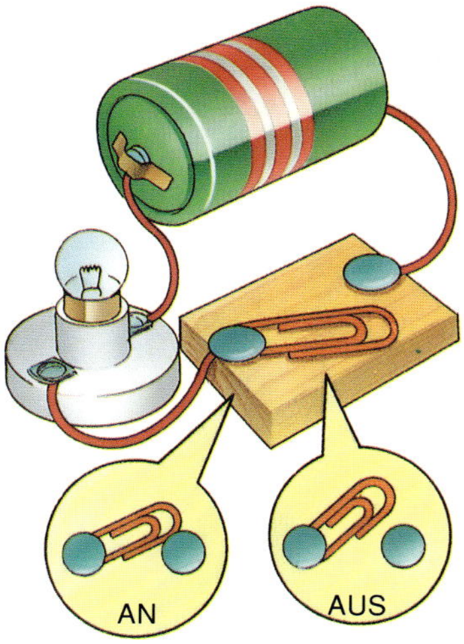

3 Stecke eine metallene Büroklammer unter einen der Reißnägel.

4 Wenn die Büroklammer beide Reißnägel berührt, schließt sie den Stromkreis und schaltet die Birne ein. Drehst du die Klammer zur Seite, geht die Birne wieder aus.

Warum flackern Leuchtstoffröhren?

Leuchtstoffröhren flackern ein wenig, wenn man sie einschaltet. Sie enthalten ein spezielles Gas, das kalt ist und erst aufgeheizt werden muß, damit der elektrische Strom ordentlich fließen kann. Wenn das Gas heiß ist, brennt die Leuchtstoffröhre gleichmäßig.

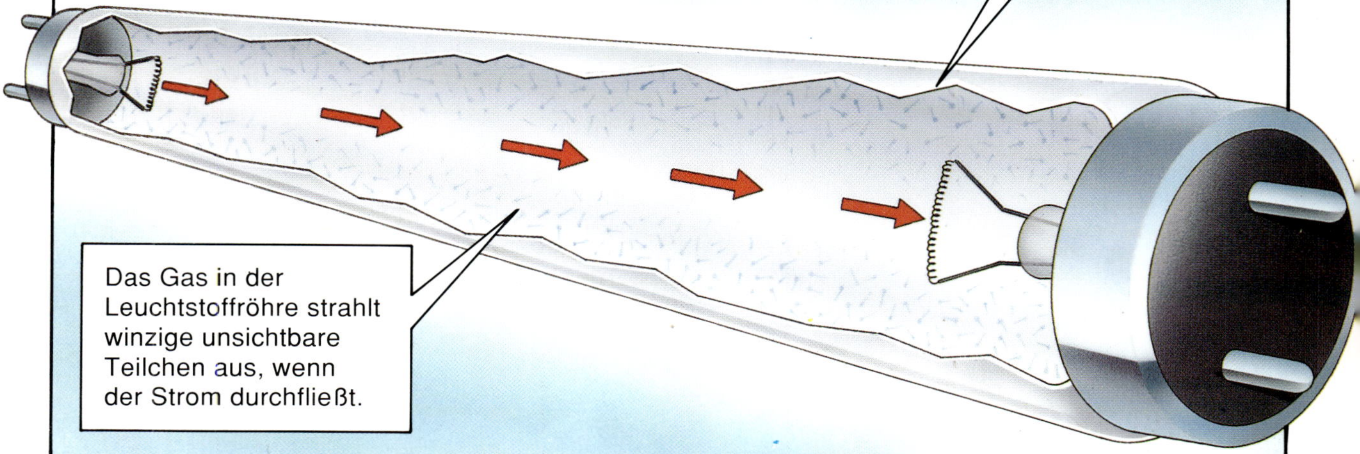

Wie funktioniert eine Taschenlampe?

Eine Taschenlampe enthält Batterien, die die Glühbirne mit Strom versorgen. Schaltet man die Taschenlampe ein, wird ein Stromkreis zwischen Batterien und Birne geschlossen.

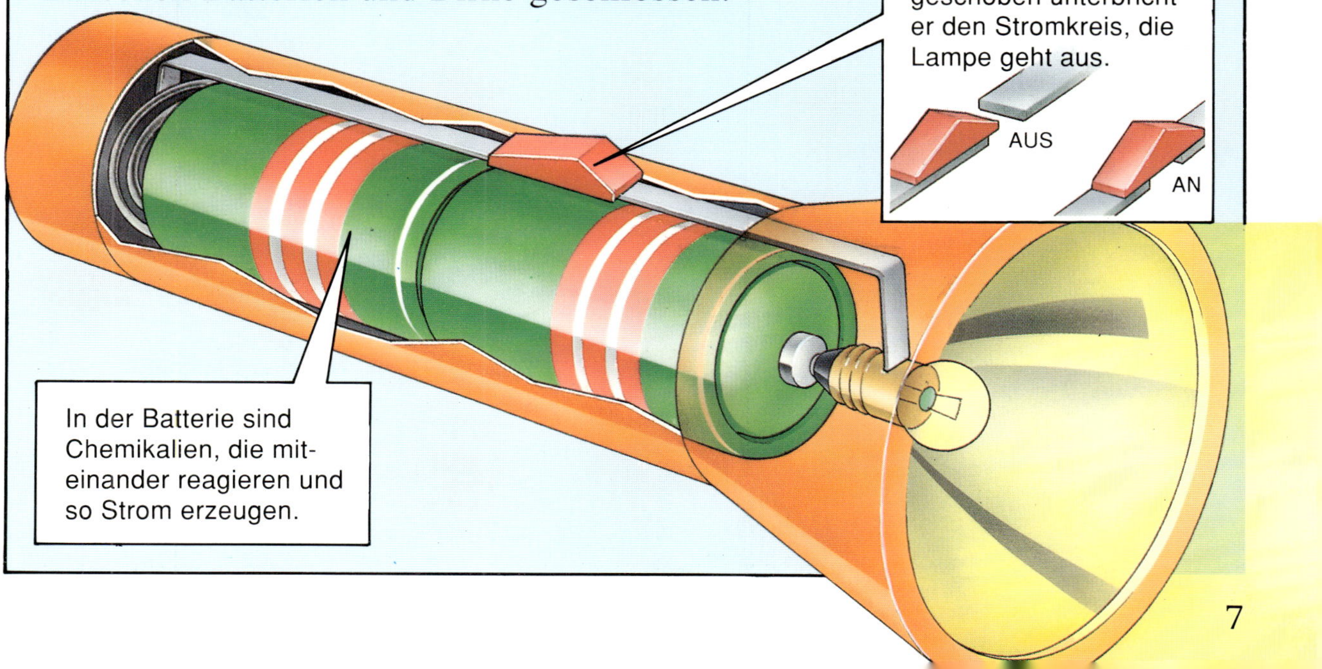

Wie funktioniert ein Elektroherd?

Ein Elektroherd verwandelt Strom in Wärme. Der Strom fließt durch einen Heizdraht, ähnlich dem Glühfaden einer Birne. Unter jeder Kochplatte liegt eine Schnecke aus diesem Draht, der von einem Metallrohr umgeben ist. Die Hitze des Drahtes heizt durch die Platte Topf oder Pfanne auf.

MEHR ÜBER DAS KOCHEN

- Einige neue Herde kochen mit Licht. Statt eines Heizdrahtes haben sie Strahler, die infrarotes (unsichtbares) Licht und Hitze aussenden. Solche Halogenstrahler sind zehnmal stärker als Autoscheinwerfer!
- Das erste richtige Kochbuch, *Hedypathia,* wurde vor 2400 Jahren von einem Griechen namens Archestratus geschrieben.

Der Heizdraht ist im Metallrohr von einem speziellen Pulver umgeben, das die Hitze durchläßt, aber gegen den Strom isoliert.

Mit einem Drehknopf kann man einstellen, wieviel Strom durch den Heizdraht fließen, also wie heiß er werden soll.

Einige Herde besitzen einen Thermostat, der die Platte abschaltet, wenn sie zu heiß wird. Der Schalter ist ein Metallstreifen, der sich je nach Temperatur verbiegt und so den Stromkreislauf unterbricht oder wiederherstellt.

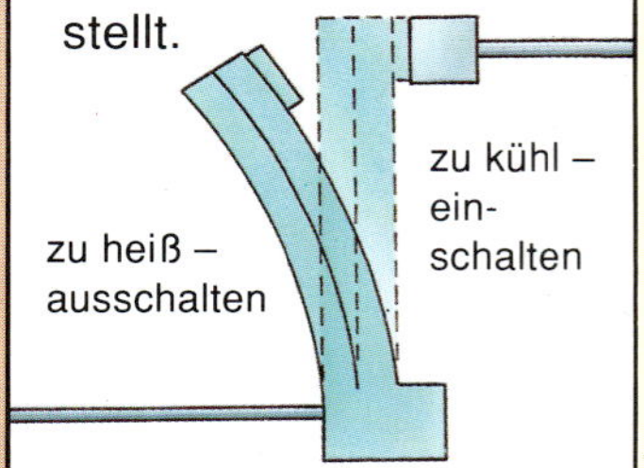

Die Ofentür und die Wände enthalten ein isolierendes Material, das dafür sorgt, daß die Hitze nicht aus dem Ofen entweicht.

Manche Backöfen haben ein Gebläse, das die Luft verwirbelt, damit es überall gleich heiß ist.

Wie funktioniert ein Mikrowellenherd?

Mikrowellen sind wie Radiowellen unsichtbare Energiestrahlen. Strahlt man sie auf Lebensmittel ab, so lassen sie die Wasserteilchen darin vibrieren oder schwingen, dadurch werden sie heiß. Die Hitze durchdringt die Speisen und gart sie von innen nach außen.

Dieses Bauteil heißt Magnetron. Es sendet die Mikrowellenstrahlung aus.

Die Mikrowellen treffen auf einen Propeller aus Metall, der sie im Herd verwirbelt.

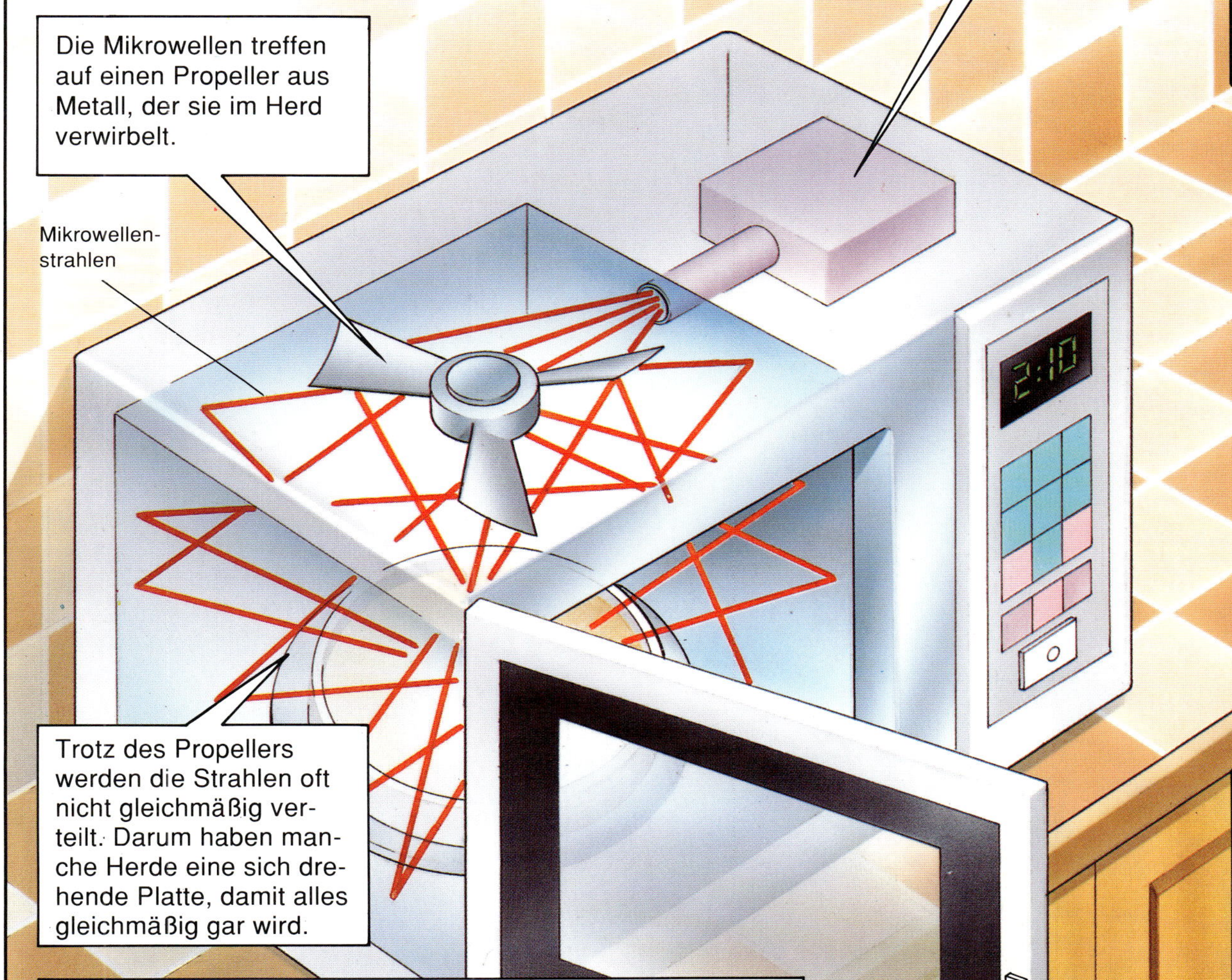

Trotz des Propellers werden die Strahlen oft nicht gleichmäßig verteilt. Darum haben manche Herde eine sich drehende Platte, damit alles gleichmäßig gar wird.

Durch einen Sicherheitsschalter in der Tür werden die Mikrowellen sofort abgestellt, wenn sich die Tür öffnet.

SCHON GEWUSST?

Mikrowellen können wie Radiowellen Nachrichten übertragen. Sie werden für das Satellitenfernsehen eingesetzt.

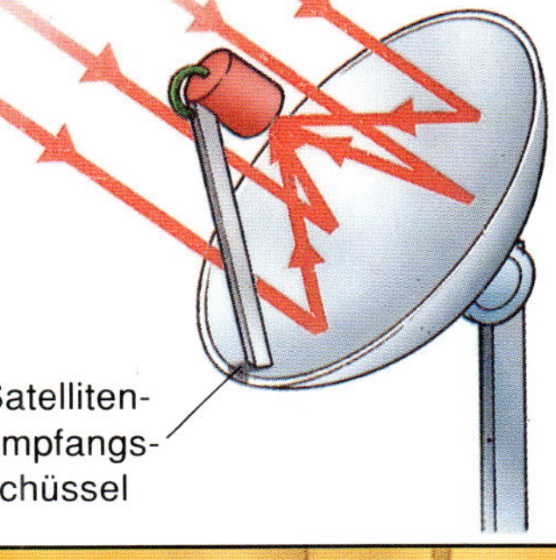

Wie hält eine Thermoskanne Getränke heiß?

Eine Thermoskanne erschwert den Wärmeaustausch von innen und außen. Zwischen ihrer Innen- und Außenhülle ist ein Hohlraum, der nichts enthält, nicht einmal Luft – ein Vakuum. Wärme bewegt sich nur schwer durch ein Vakuum, daher kann sie nicht durch die Flaschenwand entweichen. Oben sorgt ein dicht schließender Deckel dafür, daß der Kanneninhalt heiß bleibt.

MEHR ÜBERS VAKUUM

- Die erste Vakuum-Thermoskanne wurde von dem Schotten James Dewar im Jahr 1892 erfunden. Sie wurde verwendet, um Sauerstoff bei äußerst niedrigen Temperaturen – viele Grade unter Null – flüssig zu halten.
- Der Weltraum ist fast ein Vakuum, aber es schweben doch einige Gas- und Staubteilchen darin herum.

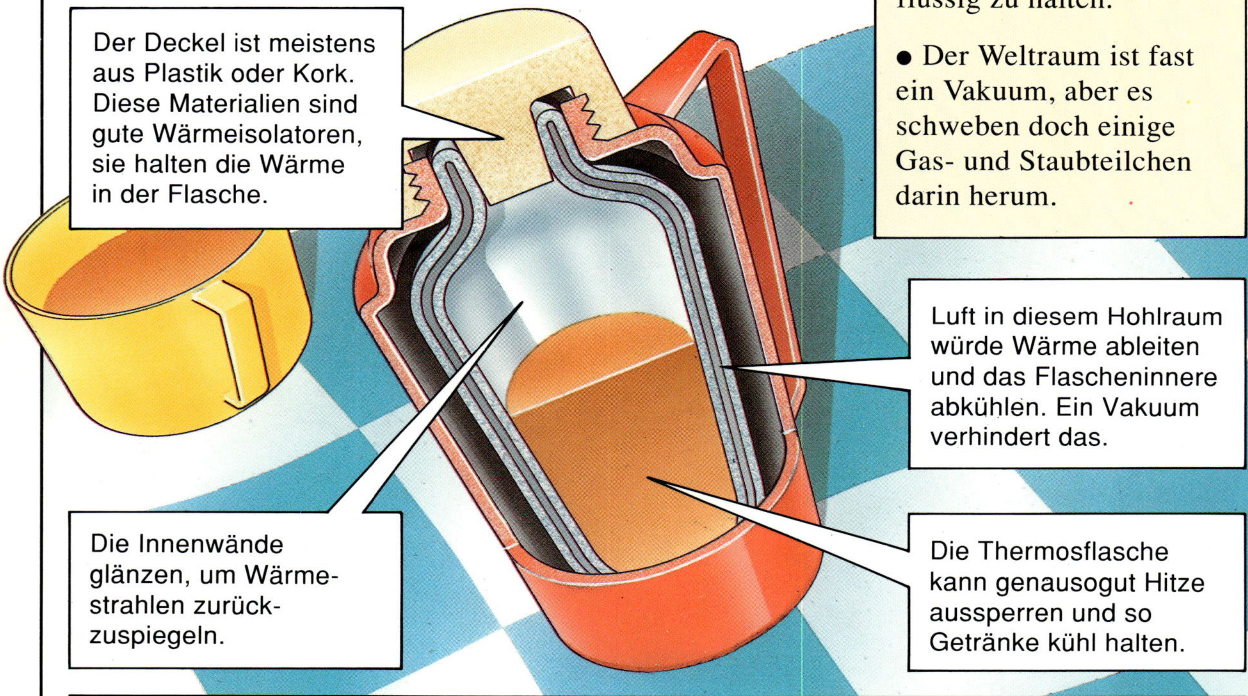

SCHON GEWUSST?

Wenn Astronauten außen an einer Raumstation arbeiten, wird es in der Sonne viel zu heiß für sie. Also schützen sie sich durch ein glänzendes Schild, das genau wie der Überzug in der Thermosflasche Hitzestrahlen zurückspiegelt.

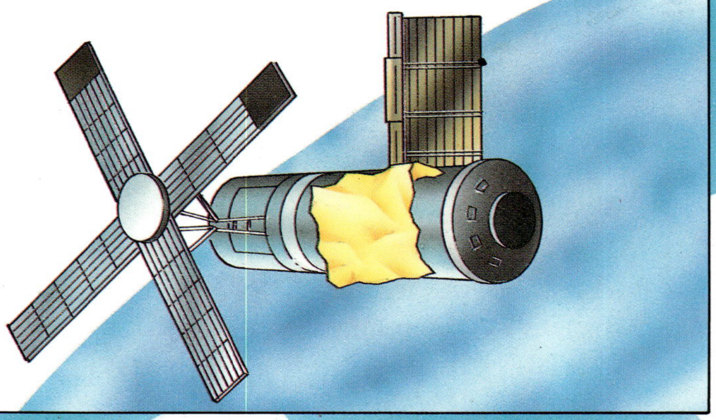

Wie kühlt ein Kühlschrank?

Ein Kühlschrank hält Lebensmittel kalt, weil er Wärme nach außen befördert. Durch ein Rohrsystem fließt Flüssigkeit, die sich in Gas umwandelt und dabei die Wärme im Kühlschrank aufnimmt. Das Gas fließt wieder nach außen, gibt dort die Wärme ab, verflüssigt sich, und der Kreislauf beginnt von vorn.

SCHON GEWUSST?

Umgekehrt funktioniert es auch: Wärmepumpen entziehen der Umgebung Wärme und heizen damit Wohnungen.

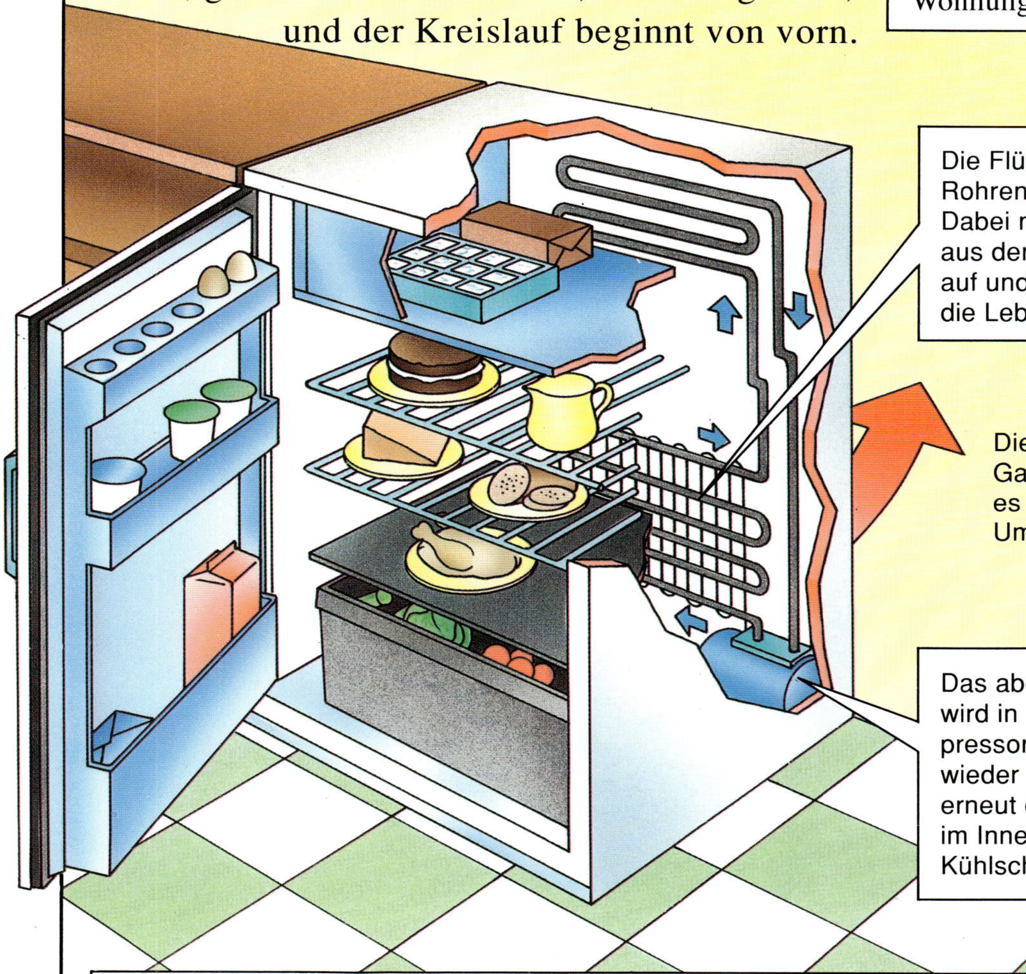

Die Flüssigkeit in den Rohren wird zu Gas. Dabei nimmt sie Wärme aus der Luft im Innern auf und kühlt sich und die Lebensmittel ab.

Die Rohre führen das Gas nach außen, wo es die Wärme an die Umgebung abgibt.

Das abgekühlte Gas wird in einen Kompressor geleitet, wo es wieder verflüssigt und erneut durch die Rohre im Inneren des Kühlschranks fließt.

BASTEL EINEN KÜHLSCHRANK

Wenn eine Flüssigkeit gasförmig wird, also verdampft, nimmt sie Wärme auf. Kühlschränke kühlen durch Verdampfen einer Flüssigkeit.

1 Stell einen Blumentopf aus Ton in eine Schüssel voll Wasser.

2 Der Blumentopf saugt das Wasser auf, es verdampft und kühlt die Luft und das, was du unter den Topf gestellt hast.

Wie funktioniert ein Staubsauger?

Im Staubsauger ist ein Elektromotor, der ein starkes Gebläse antreibt. Dieses saugt dabei Luft durch die Düse und den Schlauch an, wobei kleine Staub- und Schmutzteilchen mitgerissen werden, die in einem Filterbeutel hängenbleiben.

SCHON GEWUSST?

- Der erste in großen Mengen produzierte Staubsauger wurde von der Firma Hoover in England hergestellt. Viele Engländer sagen deshalb „Hoover“, wenn sie von einem Staubsauger reden.

MEHR ÜBER GEBLÄSE

- Auch ein Fön hat ein Gebläse, aber es ist natürlich nicht so stark wie das im Staubsauger und funktioniert in umgekehrter Richtung. Es saugt am hinteren Teil Luft an und bläst sie vorn durch die Düse heraus. Ein Heizdraht erwärmt die Luft im Fön während sie hindurchströmt.

- Auch Autos brauchen Gebläse. Sie wirbeln kalte Luft um den Motor, damit er sich nicht überhitzt – vor allem, wenn der Wagen steht.

Wie funktioniert eine Waschmaschine?

In einer Waschmaschine ist eine Trommel, die sich dreht und dabei schmutzige Wäsche mit Wasser und Waschmittel vermischt. Waschmittel und Wasser lösen Schmutz aus der Wäsche. Später wird mit klarem Wasser nachgespült. Zum Schluß dreht sich die Trommel ganz schnell, um das Wasser wieder aus der Wäsche zu schleudern.

SCHON GEWUSST?

Seifenteilchen schieben sich zwischen den fettigen Schmutz und den Stoff. Jedes Seifenteilchen hat ein fettliebendes und ein wasserliebendes Ende. Im Seifenwasser wird ein Stück Schmutz schnell von Seifenteilchen umgeben, die mit ihrem fettliebenden Ende im Schmutz stecken und ihr wasserliebendes Ende ins Wasser strecken. So lösen sie den Schmutz ab, der dann vom Wasser davongespült wird.

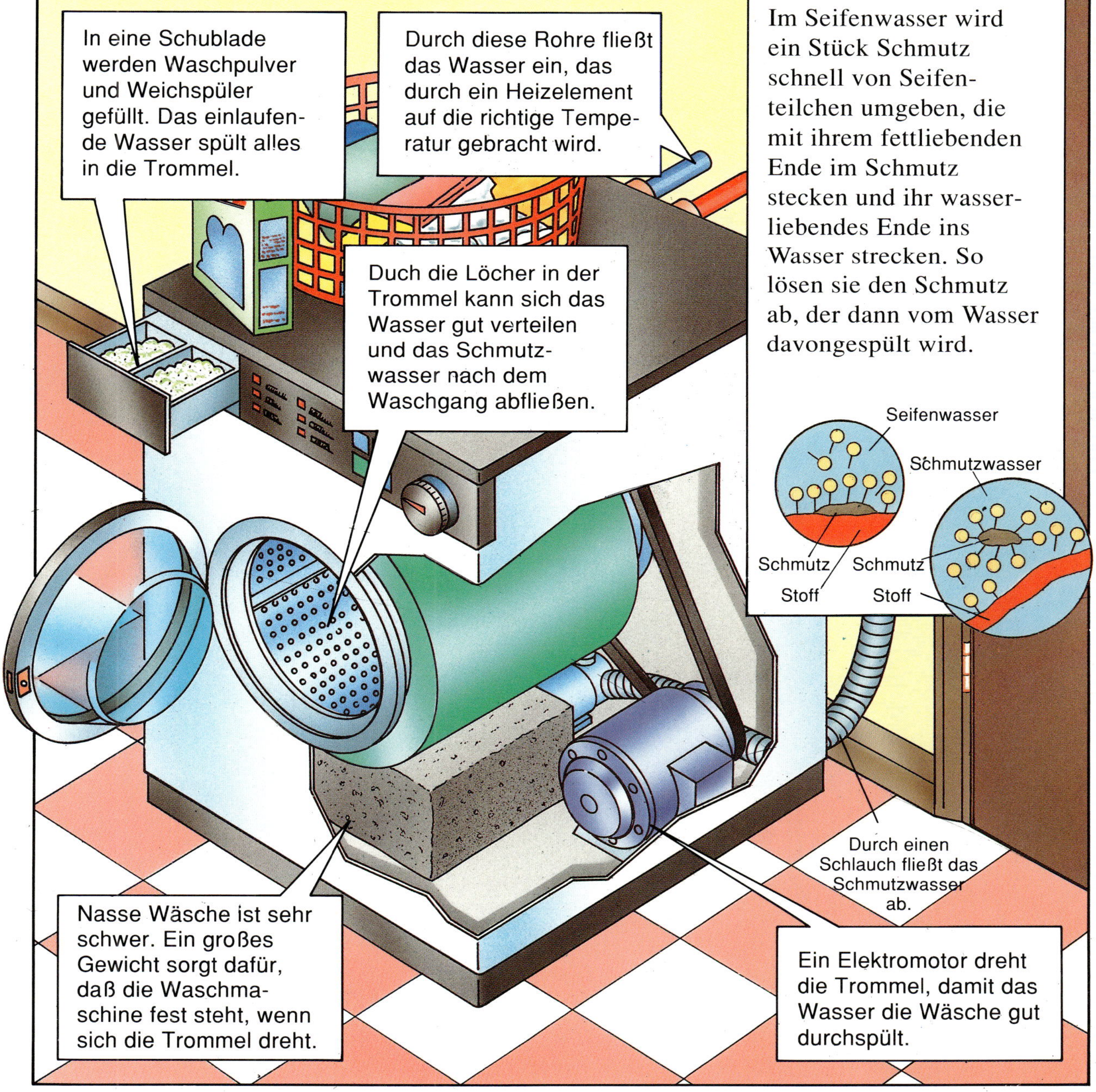

Was sind Radiowellen?

Telefon, Fernsehen und Radio bilden ein Netzwerk, das über weite Entfernungen Botschaften senden und empfangen kann. Telefongespräche werden in elektrische Signale umgewandelt, die durch Kabel geschickt werden. Radio- und Fernsehsignale werden über Kabel zum Sender geleitet, der sie in Radiowellen umwandelt. Überall um uns herum ist die Luft von Radiowellen und vielen anderen unsichtbaren Wellen erfüllt.

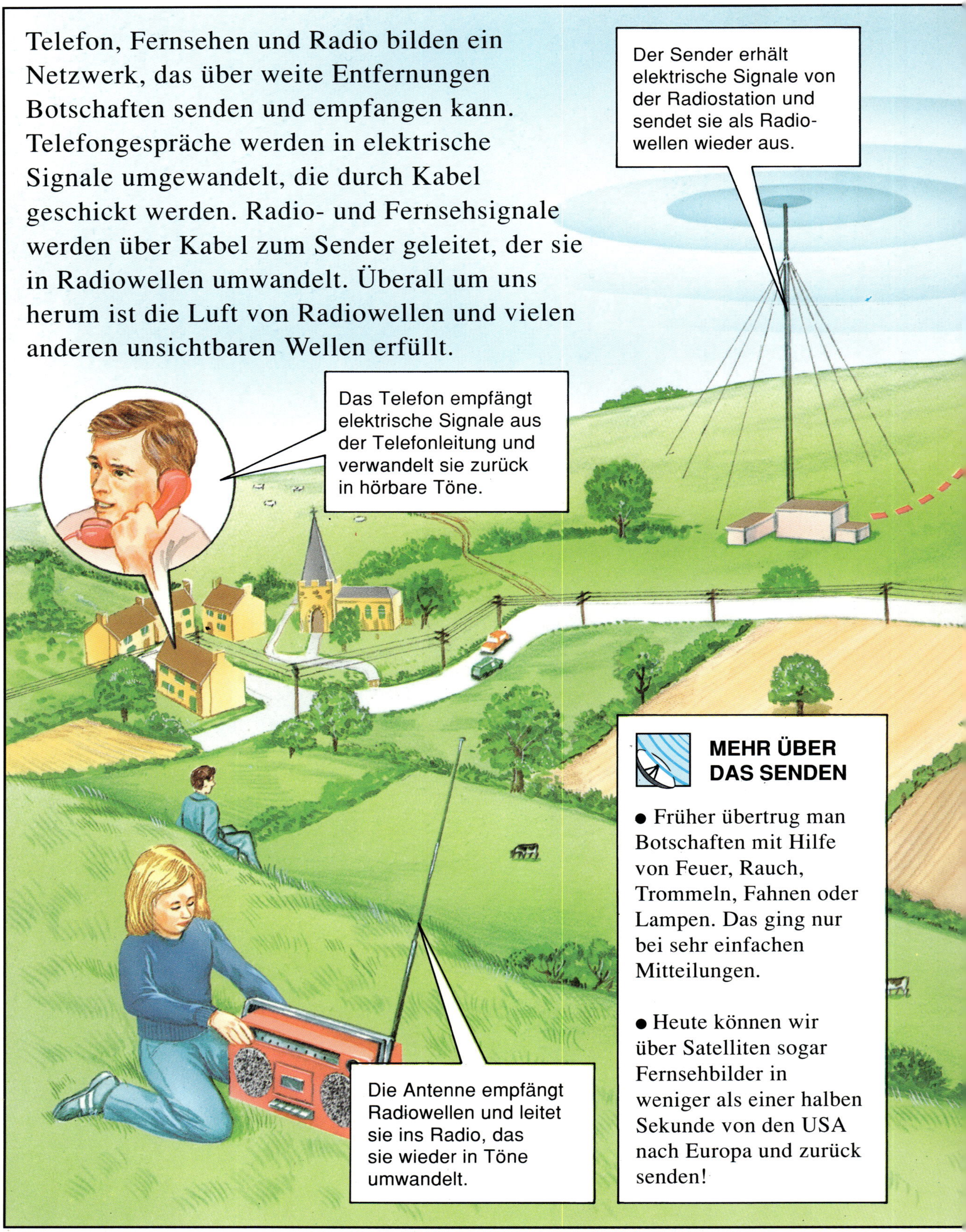

MEHR ÜBER DAS SENDEN

- Früher übertrug man Botschaften mit Hilfe von Feuer, Rauch, Trommeln, Fahnen oder Lampen. Das ging nur bei sehr einfachen Mitteilungen.

- Heute können wir über Satelliten sogar Fernsehbilder in weniger als einer halben Sekunde von den USA nach Europa und zurück senden!

In der Radiostation werden Sendungen aufgenommen, in Signale umgewandelt und zum Sender geschickt.
Ein Satellit arbeitet wie ein Sender auf einem hohen Mast. Er strahlt Wellen über ein riesiges Gebiet aus.
Unterirdisches Kabel
Fernseh- und Radiowellen können mit solchen schüsselförmigen Antennen zu Satelliten gesendet werden.
Eine Antennenschüssel empfängt die Wellen von einem Satelliten und wandelt sie in Fernseh- oder Radiosignale um.
Eine Telefonvermittlung ordnet die Rufnummer dem richtigen Empfänger zu und verbindet die beiden Apparate.

Wie funktioniert ein Radio?

Ein Radio empfängt durch seine Antenne Radiowellen aus der Luft und wandelt diese in elektrische Signale um. Diese Signale werden verstärkt und in die Lautsprecher geleitet, die sie als Ton hörbar machen. Radios brauchen elektrischen Strom, entweder aus Batterien oder aus der Steckdose.

SCHON GEWUSST?

Viele moderne Radios stellen sich von selbst auf einen Sender ein. Man drückt auf den Sendersuchknopf, und eine elektronische Schaltung des Radios sucht automatisch nach dem nächsten Sender, der so starke Signale aussendet, daß er deutlich empfangen werden kann.

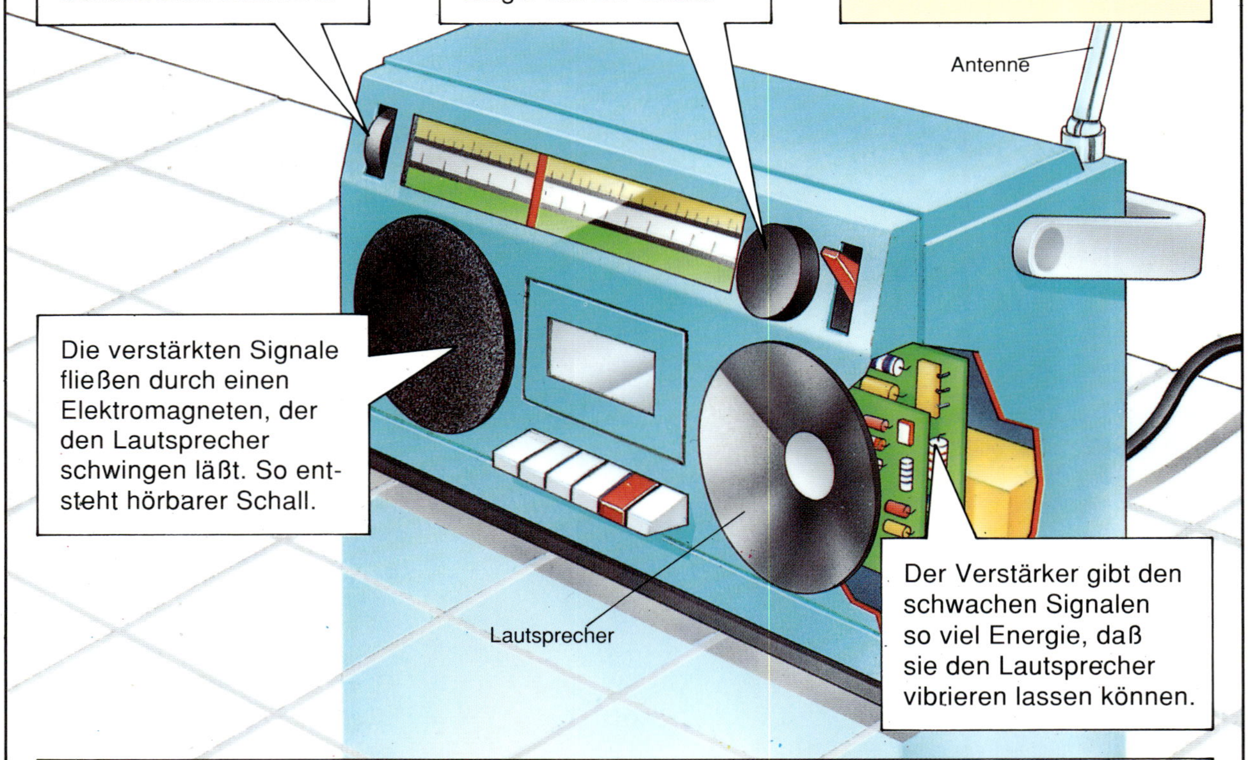

MEHR ÜBER RADIOS

- Von 1920 bis 1955 war das Radio sehr beliebt. Dann wurde es vom Fernsehen verdrängt.
- Die erste Rundfunkstation, die regelmäßig sendete, war in Pittsburg, USA und hieß KDKA. Sie begann 1920 mit Sport- und Musiksendungen.
- In Deutschland wurden regelmäßige Radioprogramme ab Oktober 1923 ausgestrahlt.

Wie funktioniert ein Telefon?

Ein Telefon wandelt den Klang deiner Stimme in elektrische Signale um und schickt sie durch Kabel zum Fernsprechamt. Von dort werden die Signale zum Telefon deines Gesprächspartners weitergeleitet, wo sie in Schall zurückverwandelt werden. In umgekehrter Richtung geschieht dasselbe, damit auch du deinen Partner hören kannst.

SCHON GEWUSST?

Das erste Telefon war 1876 von Alexander G. Bell erfunden worden. Die ersten Worte, die er hineinsprach, waren an seinen Assistenten und lauteten: "Herr Watson, kommen Sie her, ich brauche Sie."

BASTEL DIR EIN TELEFON

1 Nimm zwei leere, saubere Joghurtbecher und bohre kleine Löcher in die Böden.

2 Fädle die Enden einer langen Schnur hindurch und verknote sie. Gib den einen Becher einem Freund und laß ihn so weit gehen, bis sich die Schnur spannt.

3 Sprich in deinen Becher, während dein Freund den seinen ans Ohr hält. Der Becher verwandelt deine Stimme in Schwingungen, die von der Schnur bis zum anderen Becher geleitet werden, der sie wieder hörbar macht.

Wie funktioniert ein Fernseher?

Ein Fernseher macht elektrische Signale über seinen Bildschirm und Lautsprecher für uns wahrnehmbar. Die Fernsehantenne fängt die Wellen vom Sender auf, die der Empfängerteil des Fernsehers in Signale umwandelt. Diese Signale werden wie im Radio verstärkt und in einen Strom unsichtbarer Teilchen, Elektronen genannt, umgesetzt. Eine Art Kanone schießt die Elektronen von innen gegen den Bildschirm, und überall, wo sie hintreffen, glüht ein farbiger Punkt auf. Viele solcher Punkte formen das Fernsehbild.

SCHON GEWUSST?

Eine Umfrage hat gezeigt, daß Kinder in den USA durchschnittlich 7 Stunden am Tag fernsehen. Wenn sie 18 sind, haben sie also 4 Jahre vor dem Fernseher gesessen – und etwa 6 Jahre geschlafen!

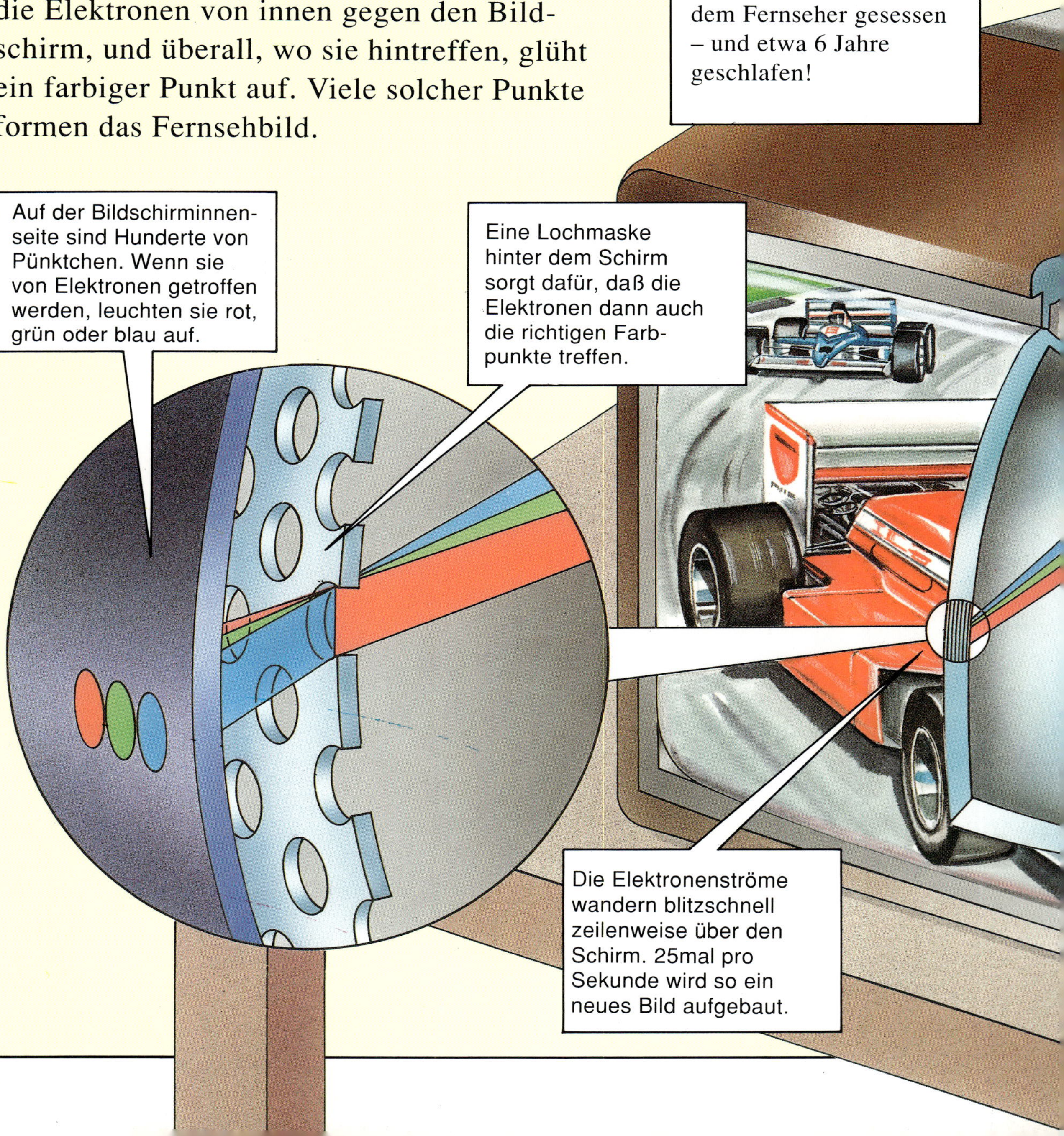

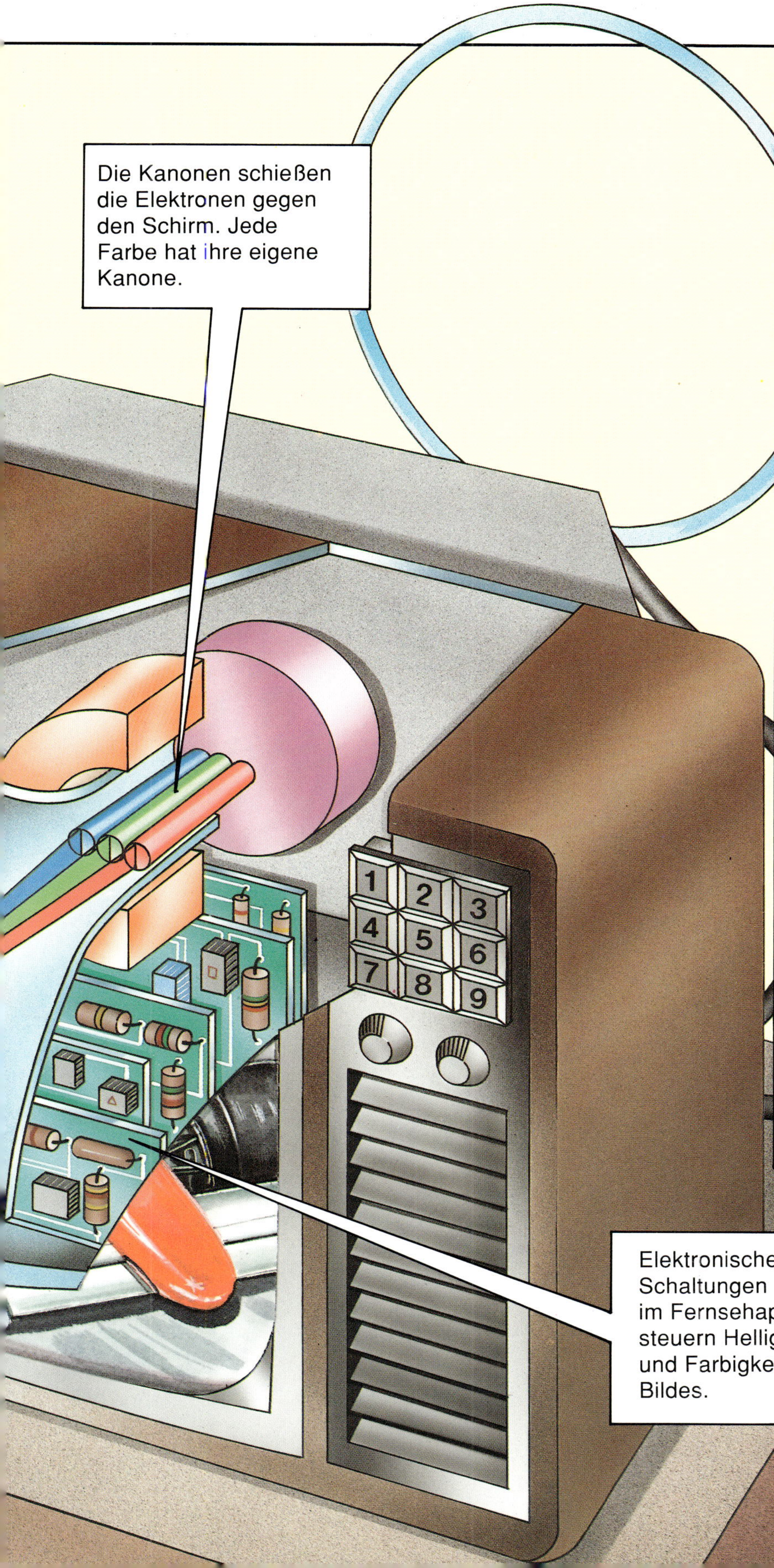

DAUMENKINO – SELBSTGEMACHT

Eine Fernsehsendung besteht aus Tausenden von stillstehenden Bildern, die schneller wechseln, als unsere Augen mitkommen. Dadurch haben wir den Eindruck einer Bewegung. Genauso ist es bei einem Daumenkino.

1 Nimm ein altes Buch und male ein Strichmännchen in die Ecke einer Seite.

2 Male das Männchen in leicht veränderter Haltung auf mehrere Seiten. Wenn du diese Seiten schnell durchblätterst, wirst du sehen, daß das Männchen sich bewegt.

Wie funktioniert ein Kassettenrecorder?

Kassettenrecorder bewegen ein Band an einem Tonkopf vorbei. Das Band enthält unterschiedlich angeordnete Magnetteilchen, die Codes für die aufgenommenen Töne bilden. Der Tonkopf wandelt diese magnetischen Codes in elektrische Signale um, die durch einen Verstärker zum Lautsprecher geleitet werden. Dieser verwandelt die Bandaufnahme wieder in Töne.

LÖSCHE EIN BAND

Halte einen Magneten an ein nicht mehr gebrauchtes Band. Er wird die Magnetcodes zerstören und die Aufnahme zum großen Teil löschen.

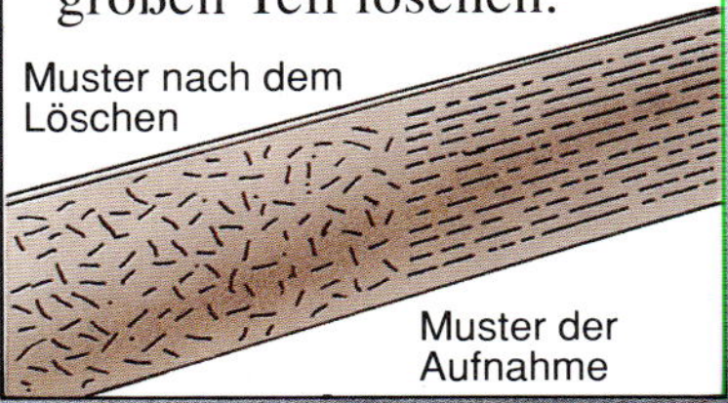

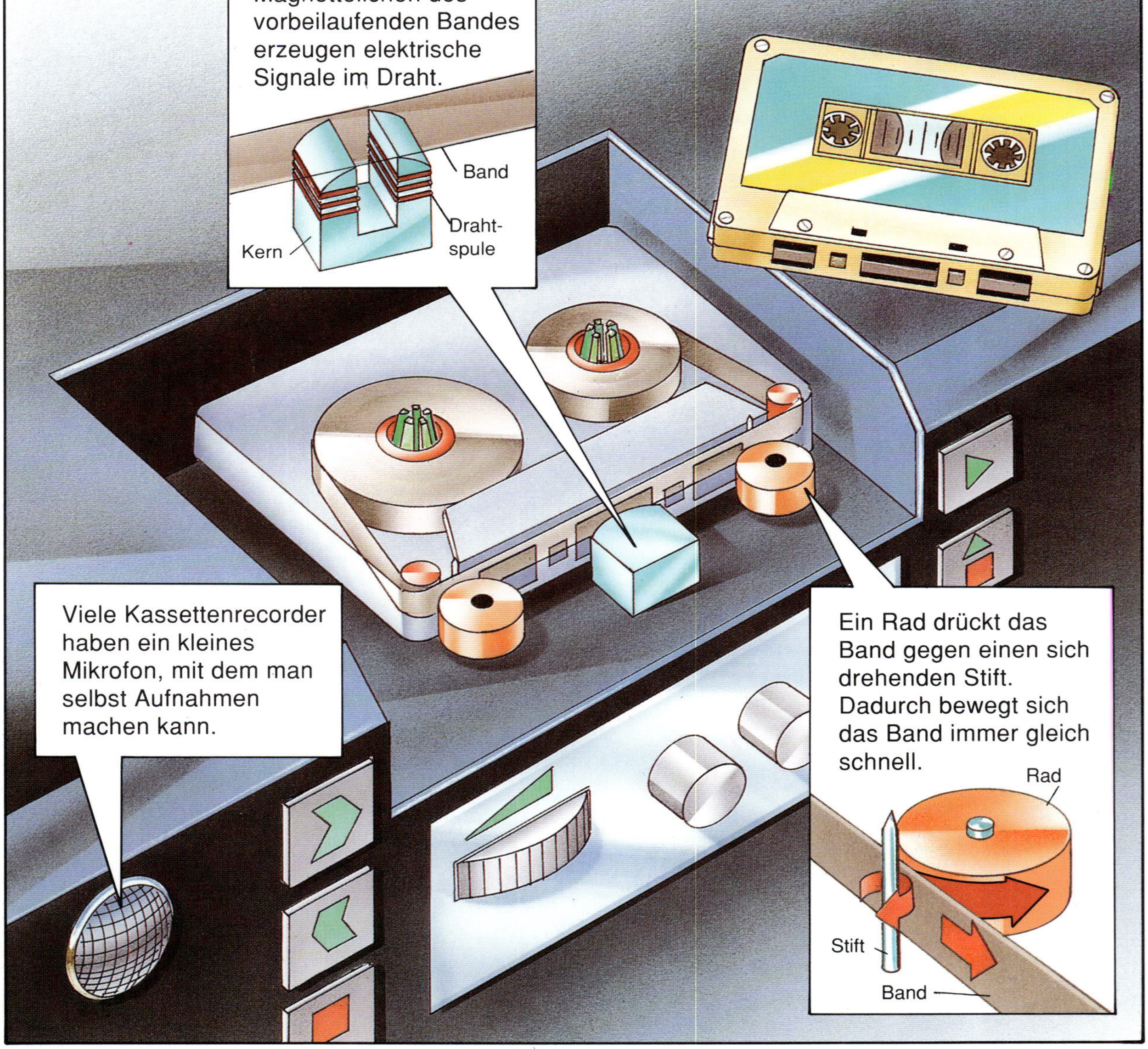

Wie funktioniert ein Videorecorder?

Auch der Videorecorder liest mit einer Art Tonkopf Magnetcodes. Das Band ist etwas breiter als das einer Kassette, denn es enthält Signale für Bild und Ton.

SCHON GEWUSST?

● Die Codes für das Bild brauchen den meisten Platz. Eine Kontrollspur prüft die Geschwindigkeit.

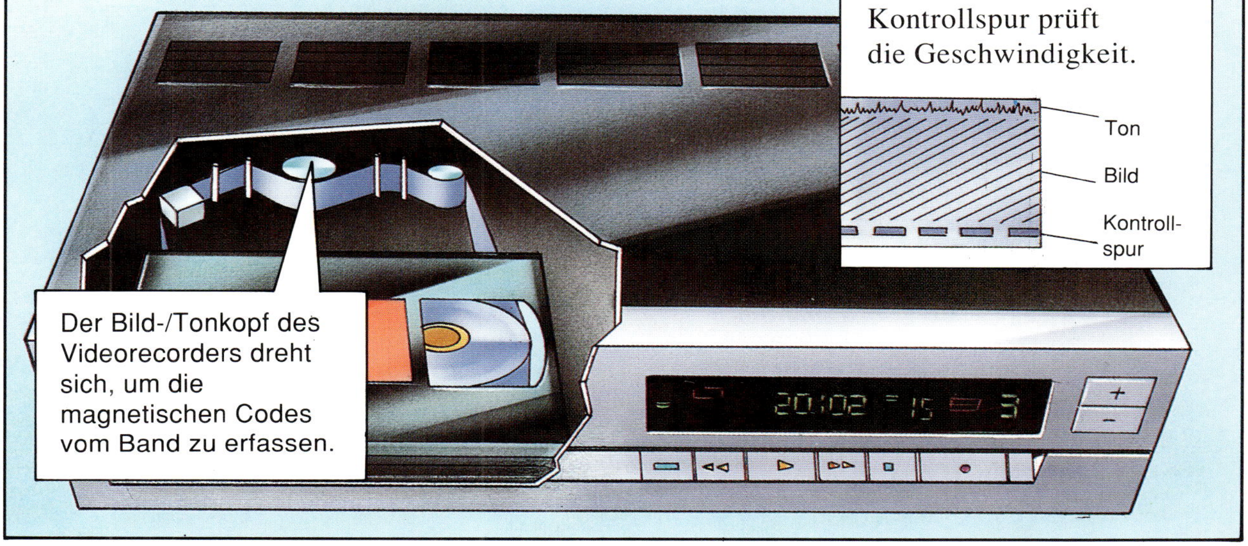

Wie funktioniert ein Taschenrechner?

Ein Taschenrechner ist ein einfacher Computer. Er rechnet mit elektrischen Signalen, in die er die Zahlen umwandelt. Das geschieht in einem Mikrochip.

Was kann ein Computer?

Computer wandeln alle Informationen, mit denen sie über ein Eingabegerät gefüttert werden, in elektrische Signale um. Diese werden verarbeitet und über ein Ausgabegerät angezeigt. Ein Computer kann viele Dinge mit den Informationen tun, wenn er einer Liste von Anweisungen folgt. Diese Liste nennt man Programm. Es ist im Computer gespeichert.

SCHON GEWUSST?

Computer kann man fast überall einsetzen, zum Beispiel zum Steuern von Flugzeugen, zur Wettervorhersage, zur Kontrolle von Satelliten oder um Autos zu entwerfen.

MEHR ÜBER COMPUTER

- Das Herz eines Computers ist der Prozessor (englisch abgekürzt CPU). Hier werden eingegebene Daten nach dem Programm verarbeitet und zum Ausgabegerät geschickt.

- Jeder Computer hat einen Datenspeicher. Wenn man ihn ausschaltet, gehen diese Daten verloren, deshalb werden sie auf Bändern oder Disketten gespeichert.

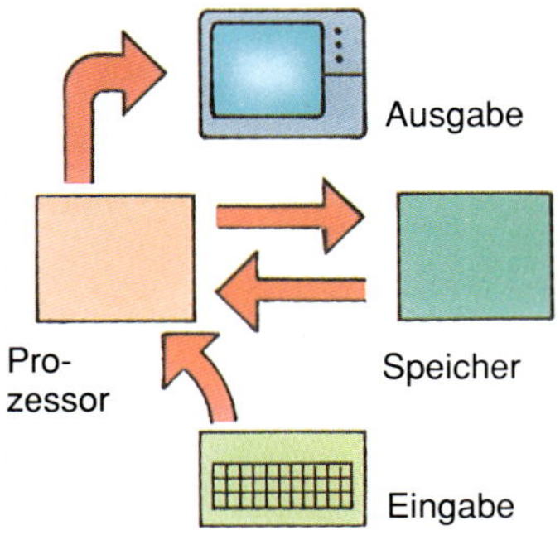

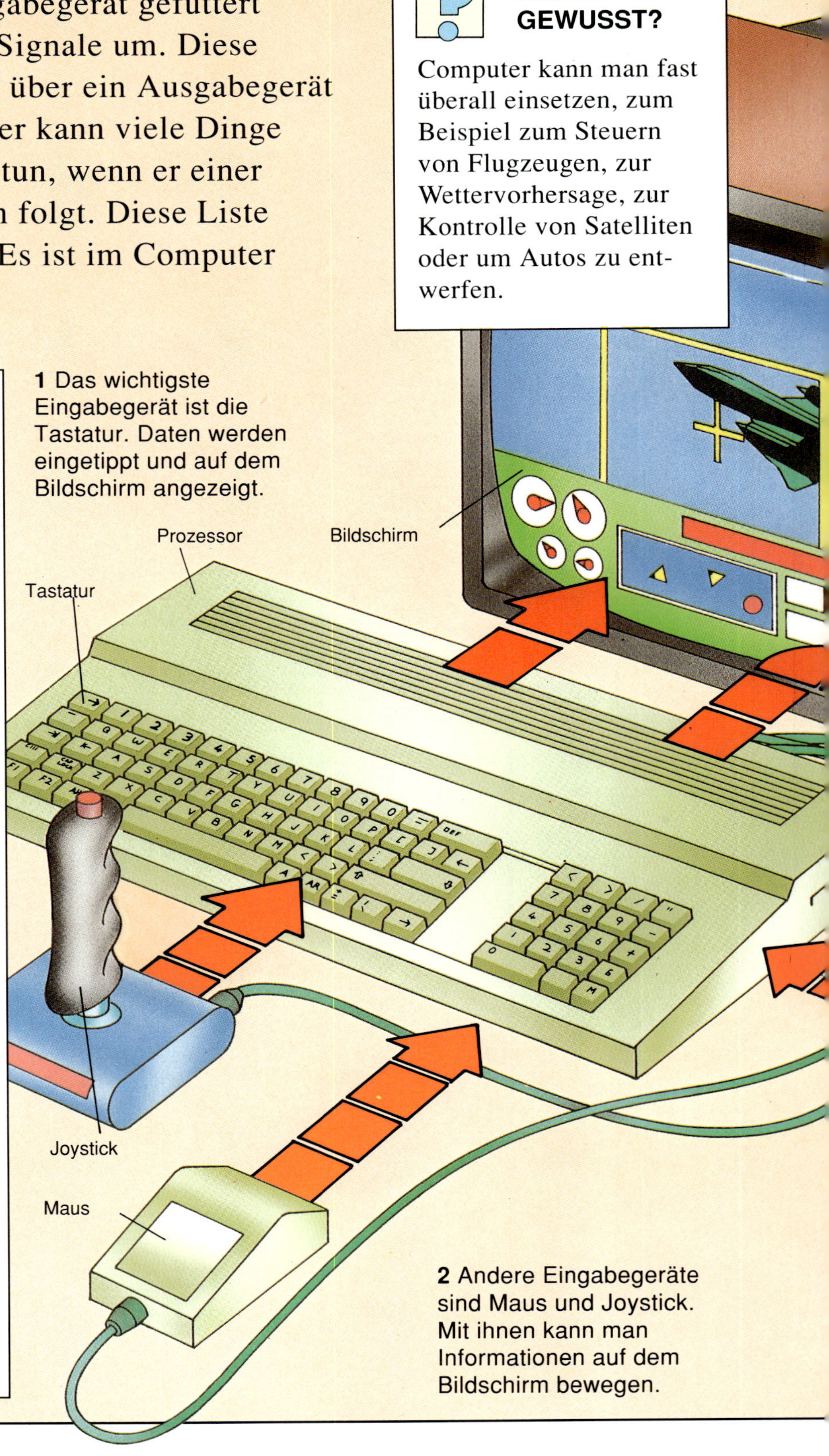

1 Das wichtigste Eingabegerät ist die Tastatur. Daten werden eingetippt und auf dem Bildschirm angezeigt.

2 Andere Eingabegeräte sind Maus und Joystick. Mit ihnen kann man Informationen auf dem Bildschirm bewegen.

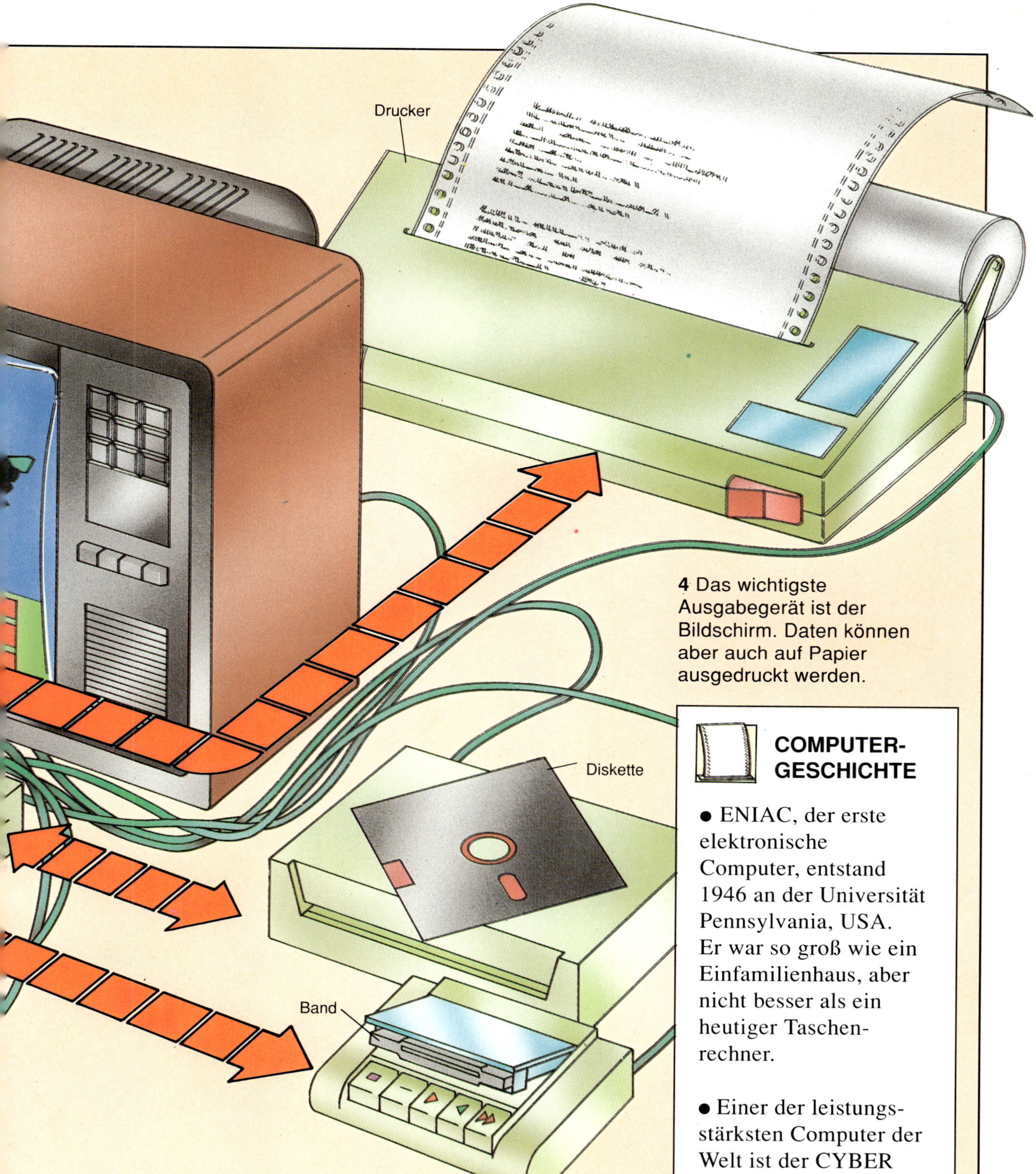

4 Das wichtigste Ausgabegerät ist der Bildschirm. Daten können aber auch auf Papier ausgedruckt werden.

3 Computer können Daten magnetisch auf Bändern und Disketten speichern und später wieder verwenden.

COMPUTER-GESCHICHTE

- ENIAC, der erste elektronische Computer, entstand 1946 an der Universität Pennsylvania, USA. Er war so groß wie ein Einfamilienhaus, aber nicht besser als ein heutiger Taschenrechner.

- Einer der leistungsstärksten Computer der Welt ist der CYBER Modell 205-444. Er kann 800 Millionen Zahlen in einer Sekunde zusammenzählen.

Wie fotografiert eine Kamera?

Eine Kamera fängt Licht von dem Gegenstand ein, der fotografiert wird, und leitet es durch ein System von Linsen auf den Film. Das Licht wirkt auf die Chemikalien, mit welchen der Film beschichtet ist, und läßt ein Bild entstehen. Wenn der Film entwickelt wird – er wird zu diesem Zweck in Chemikalien getaucht – werden die Bilder dauerhaft gemacht. Sie können dann beliebig oft auf Fotopapier kopiert werden.

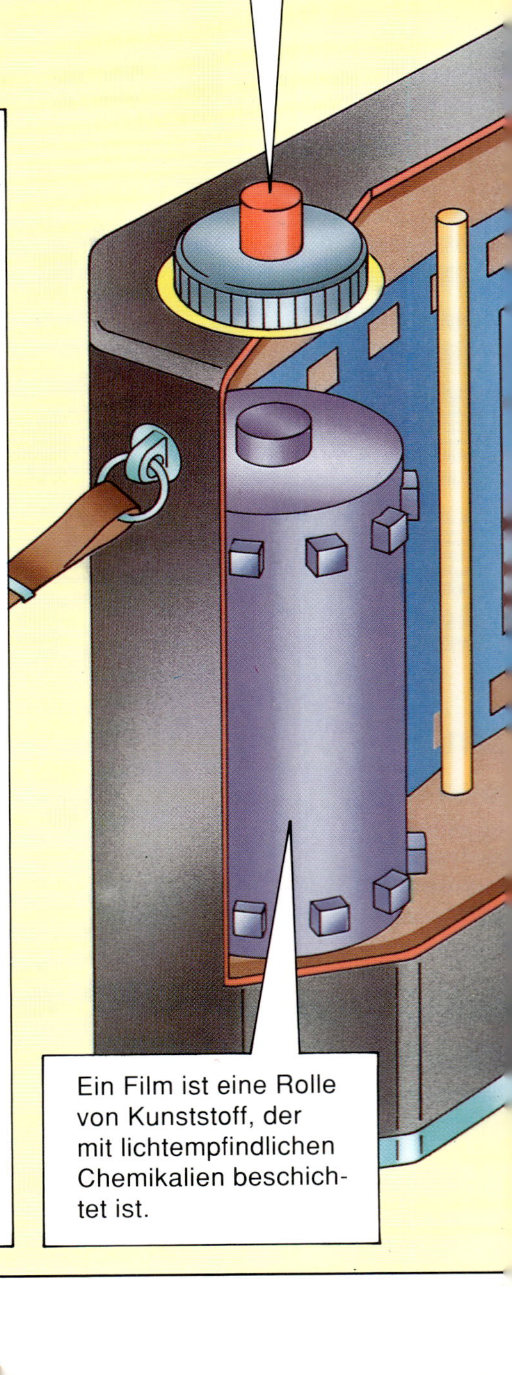

BASTLE EINE KAMERA

1 Schneide eine Seite einer leeren Pappschachtel weg und male das Innere schwarz an.

2 Klebe Transparentpapier an die Stelle der fehlenden Seite.

3 Stich mit einer Stecknadel ein Loch in die Mitte der gegenüberliegenden Seite.

4 Stell die Kamera so auf, daß das Loch auf ein helles Fenster zeigt. Stelle einen Gegenstand vor das Fenster und verdunkle alle anderen Lichtquellen.

5 Das Loch ist die Linse. Es leitet das Licht auf das Transparentpapier, das der Film ist. Du siehst den Gegenstand umgekehrt. Auch eine richtige Kameralinse stellt das Bild auf den Kopf.

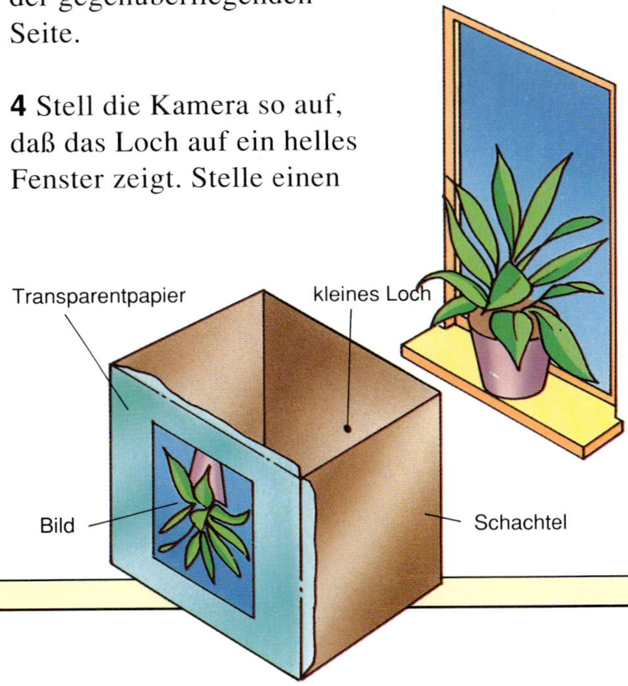

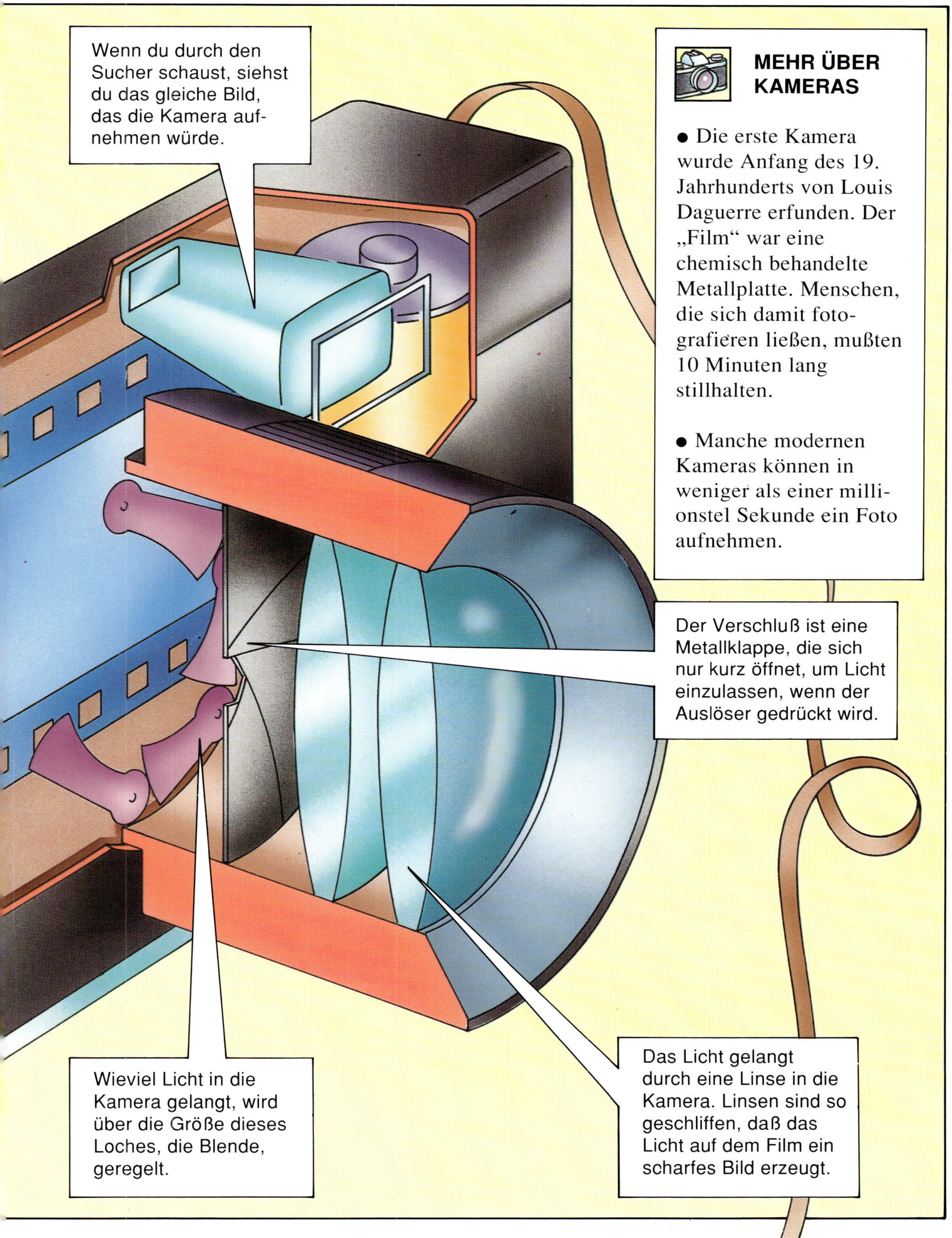

MEHR ÜBER KAMERAS

- Die erste Kamera wurde Anfang des 19. Jahrhunderts von Louis Daguerre erfunden. Der „Film" war eine chemisch behandelte Metallplatte. Menschen, die sich damit fotografieren ließen, mußten 10 Minuten lang stillhalten.

- Manche modernen Kameras können in weniger als einer millionstel Sekunde ein Foto aufnehmen.

Warum öffnen sich manche Türen von selbst?

Automatische Türen haben einen elektronischen Sensor, der meldet, wenn sich jemand nähert. Dieser Sensor kann eine Trittmatte oder eine Lichtschranke sein.

Ein Lichtstrahl leuchtet von seiner Quelle bis zum Empfänger. Wenn dieser Lichtstrahl unterbrochen wird, signalisiert der Empfänger, daß die Tür geöffnet werden soll. Eine Druckkontaktmatte arbeitet mit einem Schalter Tritt jemand auf die Matte, wird durch das Gewicht der Schalter betätigt, und die Tür öffnet sich.

Was sind Strichkodes?

Verschieden dicke schwarze Striche ersetzen in manchen Geschäften die Preisschilder. Ein elektronisches Lesegerät macht aus den Strichen elektrische Signale für die Kasse.

Die Striche enthalten Informationen über die Ware, auf die sie gedruckt sind, wie etwa den Preis usw.

In die Kasse muß nichts mehr eingetippt werden, weil das Strichkode-Lesegerät die Preise direkt eingibt.

Wie funktioniert ein Türschloß?

Türen werden abgeschlossen, indem sich ein Riegel aus der Tür in den Rahmen schiebt. Der Schlüssel dreht dabei einen Zylinder, der den Riegel hin- und herschiebt.

Kleine Federn drücken eine Reihe von Stiften in einen Metallzylinder, so daß er sich nicht drehen kann.

Die Einkerbungen im Schlüssel schieben die Stifte so zurück, daß der Zylinder sich drehen und den Riegel bewegen kann.

SCHON GEWUSST?

Das Sicherheitsschloß wurde 1865 erfunden, funktioniert aber genauso wie Schlösser im alten Ägypten!

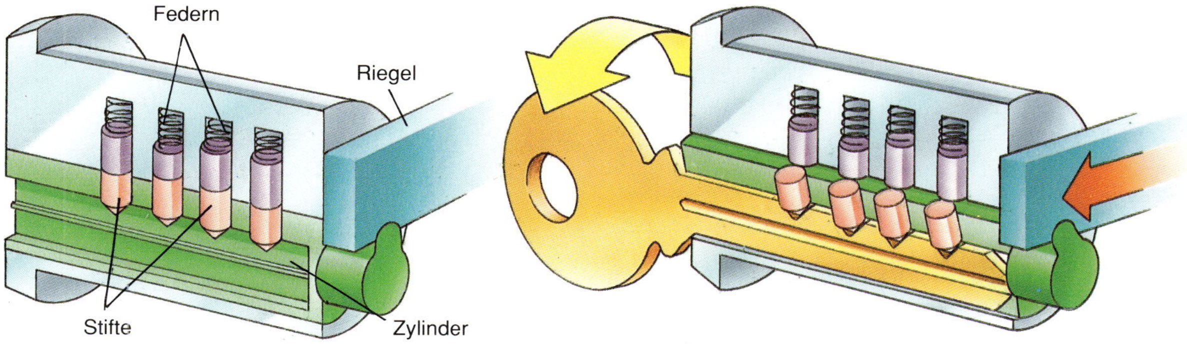

Wie funktioniert eine Türklingel?

Wenn du auf den Knopf der Klingel drückst, schaltest du einen Elektromagneten ein, dessen Kraft einen kleinen Hammer gegen die Glocke schlägt.

Der Klingelknopf ist Teil des Stromkreises. Du mußt ihn drücken, damit Strom durch den Magneten fließt.

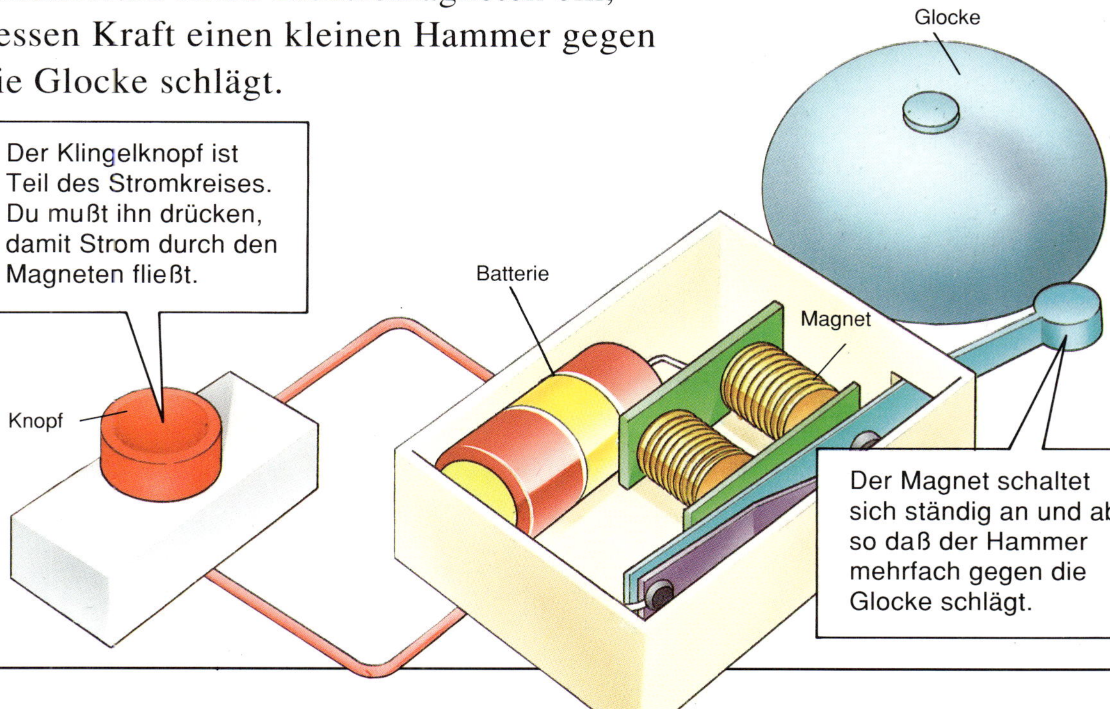

Der Magnet schaltet sich ständig an und ab, so daß der Hammer mehrfach gegen die Glocke schlägt.

Wie funktionieren Uhren?

Eine durch Aufziehen gespannte Feder in der Uhr entspannt sich langsam und treibt dadurch Zahnräder an, die die Zeiger über das Zifferblatt bewegen.

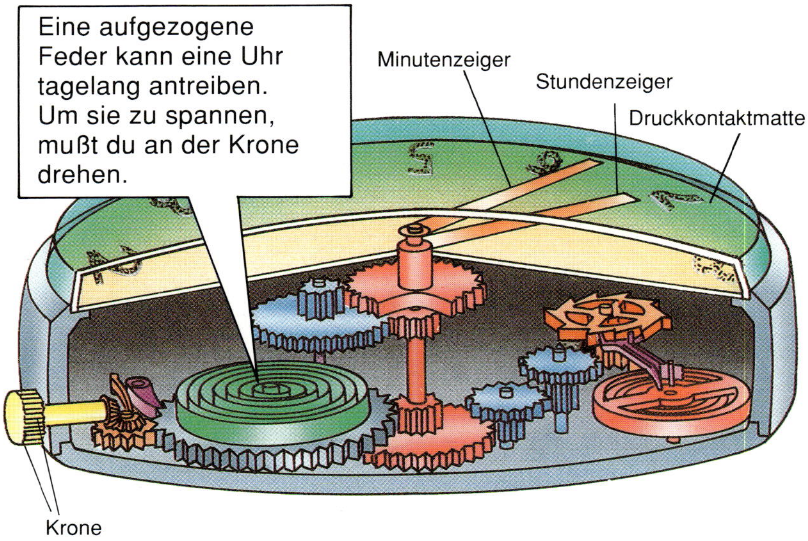

MEHR ÜBER UHREN

- Eine Digitaluhr hat keine Federn oder Zahnräder. Sie wird von einer Batterie angetrieben, die einen winzigen Kristall schwingen läßt. Das erzeugt elektrische Signale. Ein Mikrochip zählt und berechnet sie und zeigt danach die Uhrzeit in ständig wechselnden Ziffern an.

Wie funktioniert eine Waage?

Wenn man einen Gegenstand auf eine Waage legt, drückt er mit seinem Gewicht einen Hebel hinunter. Dieser zieht an einer Feder, die über ein Zahnrad den Zeiger ausschlagen läßt.

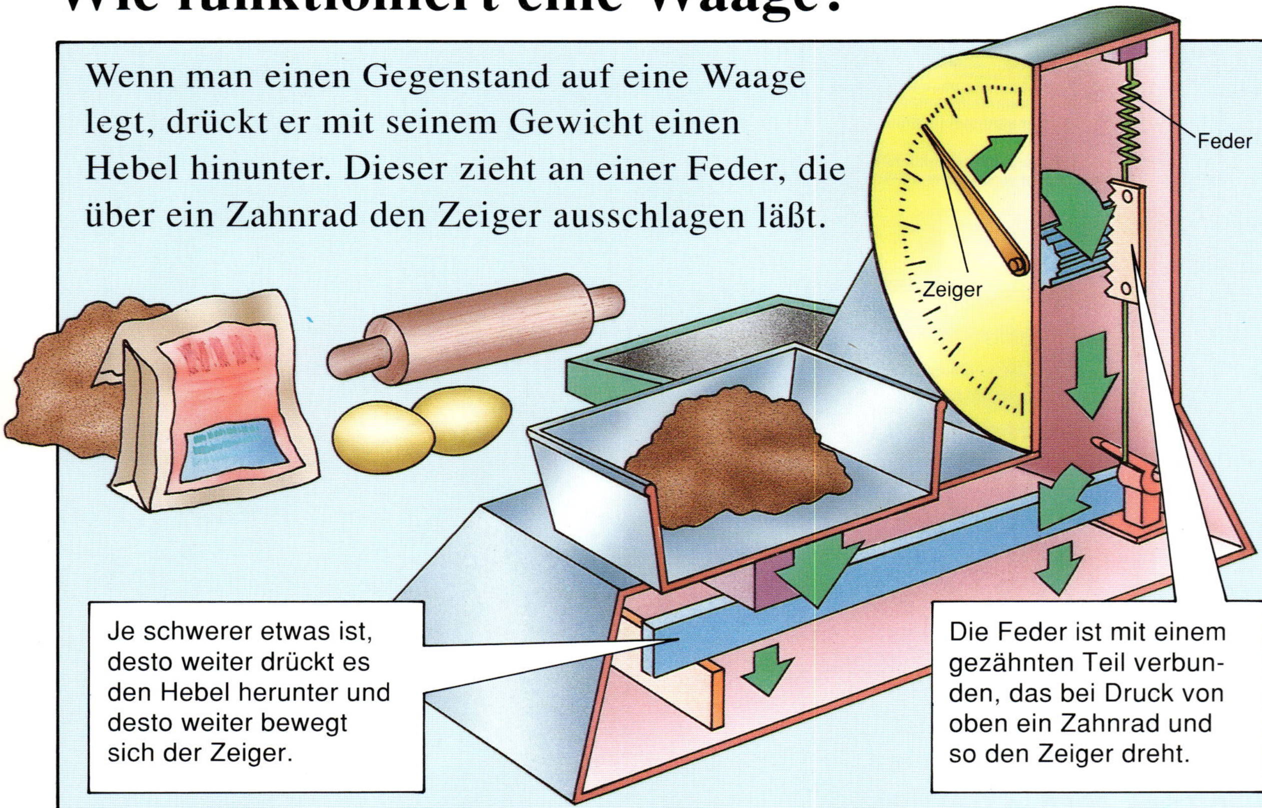

Wie funktioniert ein Schraubenzieher?

Ein Schraubenzieher ist eine Art Hebel. Wenn du am Griff drehst, wandert die Kraft, die du anwendest, hinunter zur Spitze und dreht dort die Schraube.

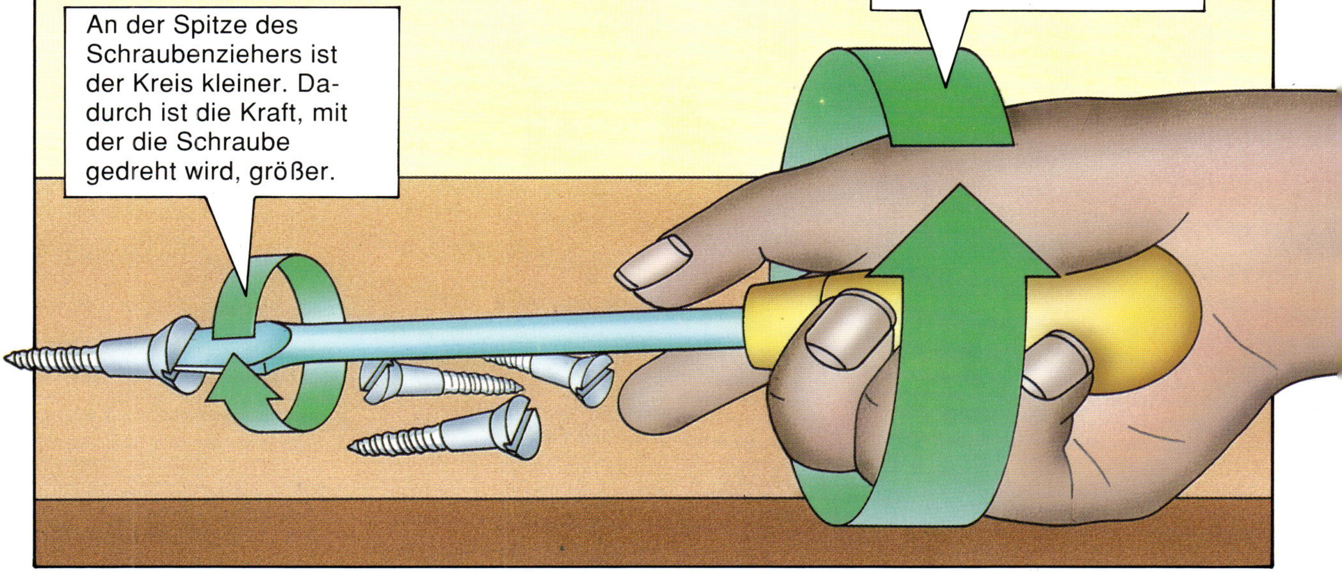

Wie funktioniert ein Dosenöffner?

Ein Dosenöffner wirkt wie ein doppelter Hebel. Man drückt die langen Griffe mit geringer Kraft zusammen; die Schneide bewegt sich kaum, aber dafür mit großer Kraft.

Wie funktioniert ein Reißverschluß?

Wenn man einen Reißverschluß schließt, drückt der Schieber zwei Reihen kleiner Zähne ineinander. Beim Öffnen trennt sie der Schieber wieder.

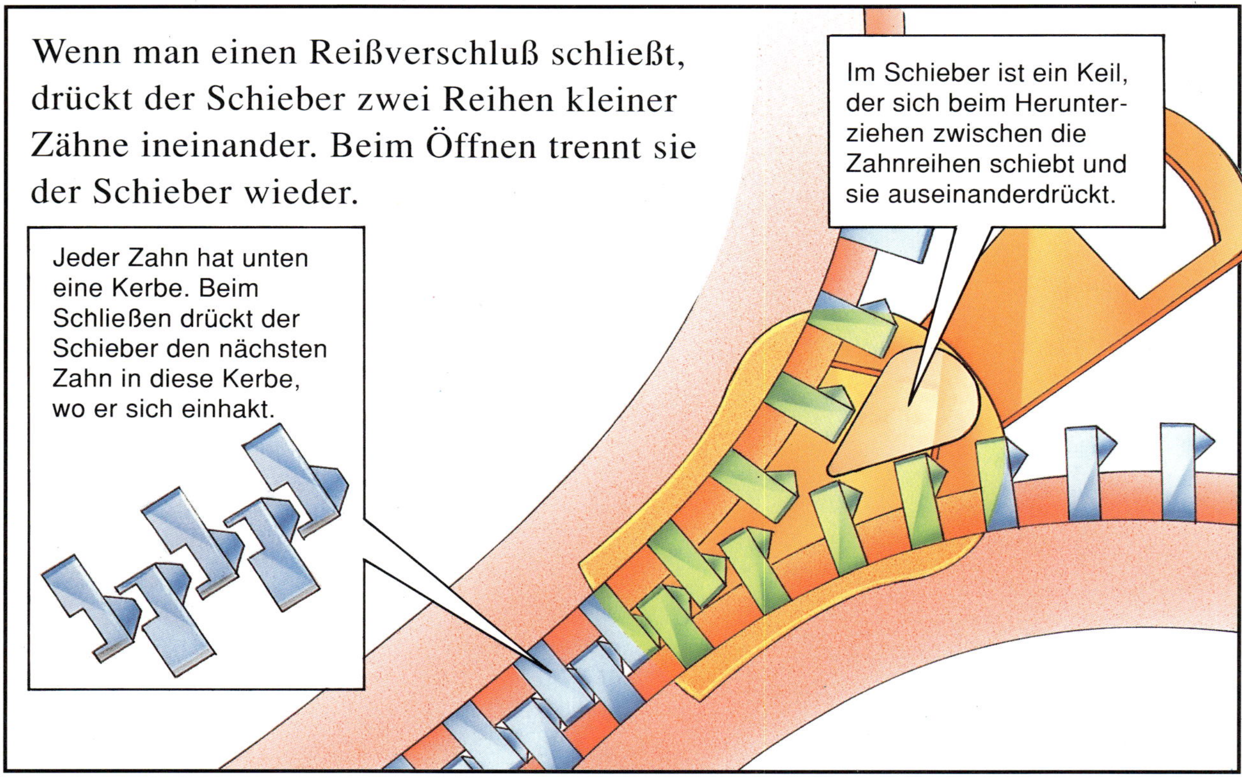

Wie funktioniert eine Fahrradgangschaltung?

Die Gangschaltung läßt die Kette in jedem Gang über unterschiedlich große Zahnräder laufen. Je kleiner das Zahnrad ist, desto schneller dreht sich das Hinterrad.

Wie funktioniert eine Luftpumpe?

Eine Luftpumpe saugt Luft an und preßt sie in Reifen, Bälle und ähnliches. Ein Ventil sorgt dafür, daß der Luftstrom in die richtige Richtung läuft.

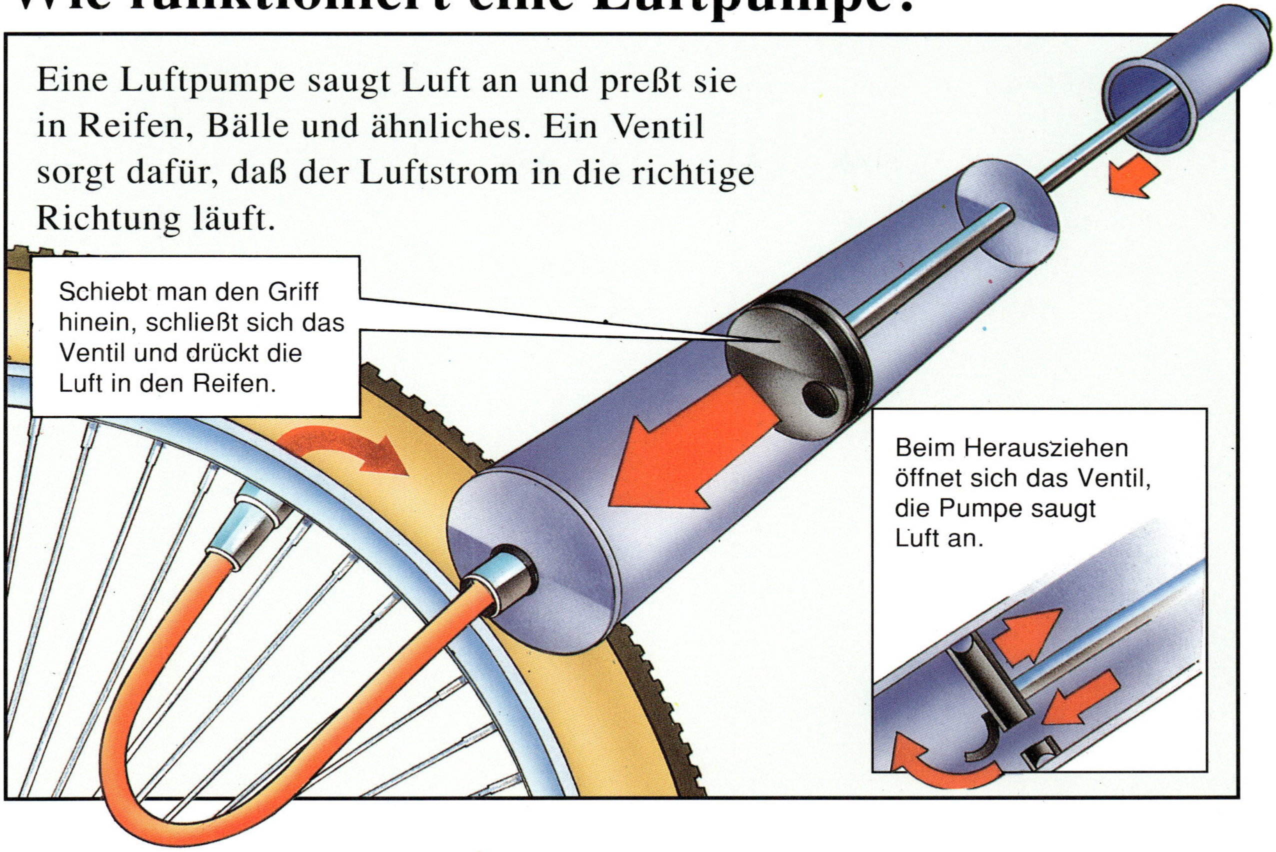

Wie funktioniert eine Sprühdose?

In der Dose befindet sich ein Gas, das unter hohem Druck steht. Es preßt Flüssigkeit durch einen Schlauch zum Ventil, das auf Druck den Inhalt freigibt.

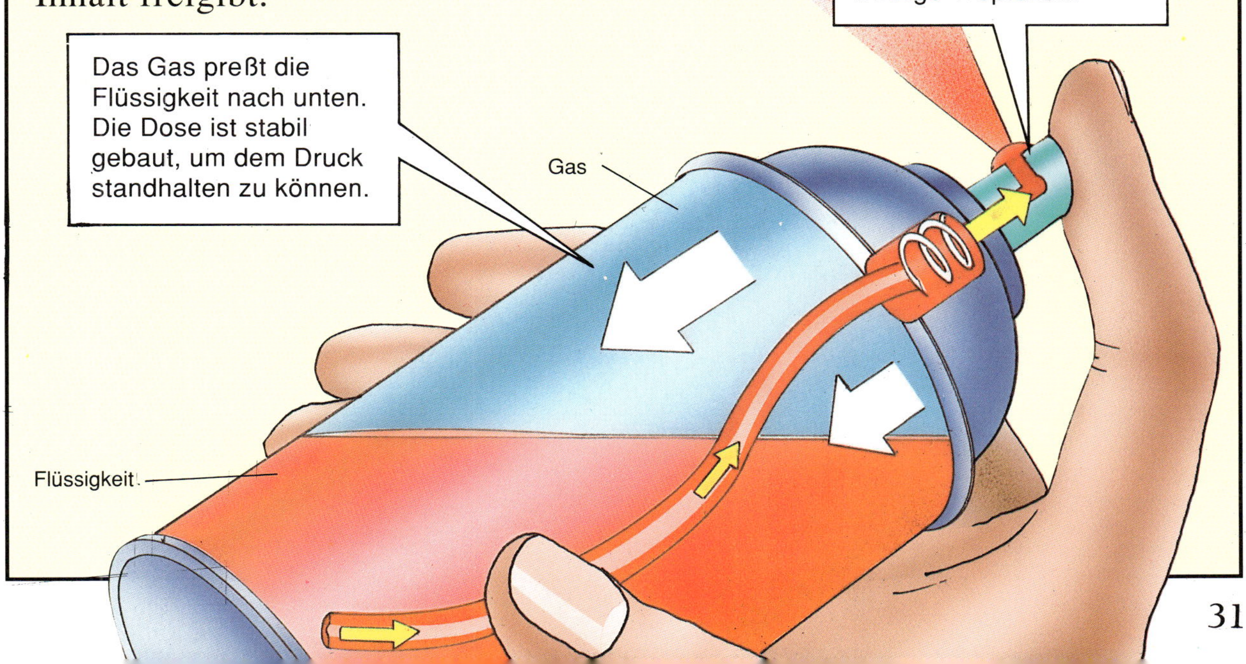

Wie funktioniert ein Automotor?

Automotoren erzeugen die Energie, die für das Fortbewegen des Autos gebraucht wird, durch Verbrennung von Kraftstoff, meist Benzin oder Diesel. Im Motor, genauer in den Zylindern, geschehen jede Minute Hunderte von kleinen Explosionen. Der dadurch entstehende Druck stößt in jedem Zylinder einen Kolben nach unten. Die Kurbelwelle wandelt diese Bewegung in Drehungen um, die über das Getriebe auf die Räder wirken.

SCHON GEWUSST?

Die Kraft eines Motors wird in Kilowatt (KW) gemessen. Gebräuchlich ist aber auch die Pferdestärke (PS), die tatsächlich etwa der Kraft eines Pferdes entspricht.
Ein Familienauto hat etwa 50 bis 100 PS. Rennwagen können bis zu 1000 PS haben!

Über die Kardanwelle treibt der Motor die Hinterräder an. Manchmal ist der Antrieb auch vorne oder auf allen vier Rädern.

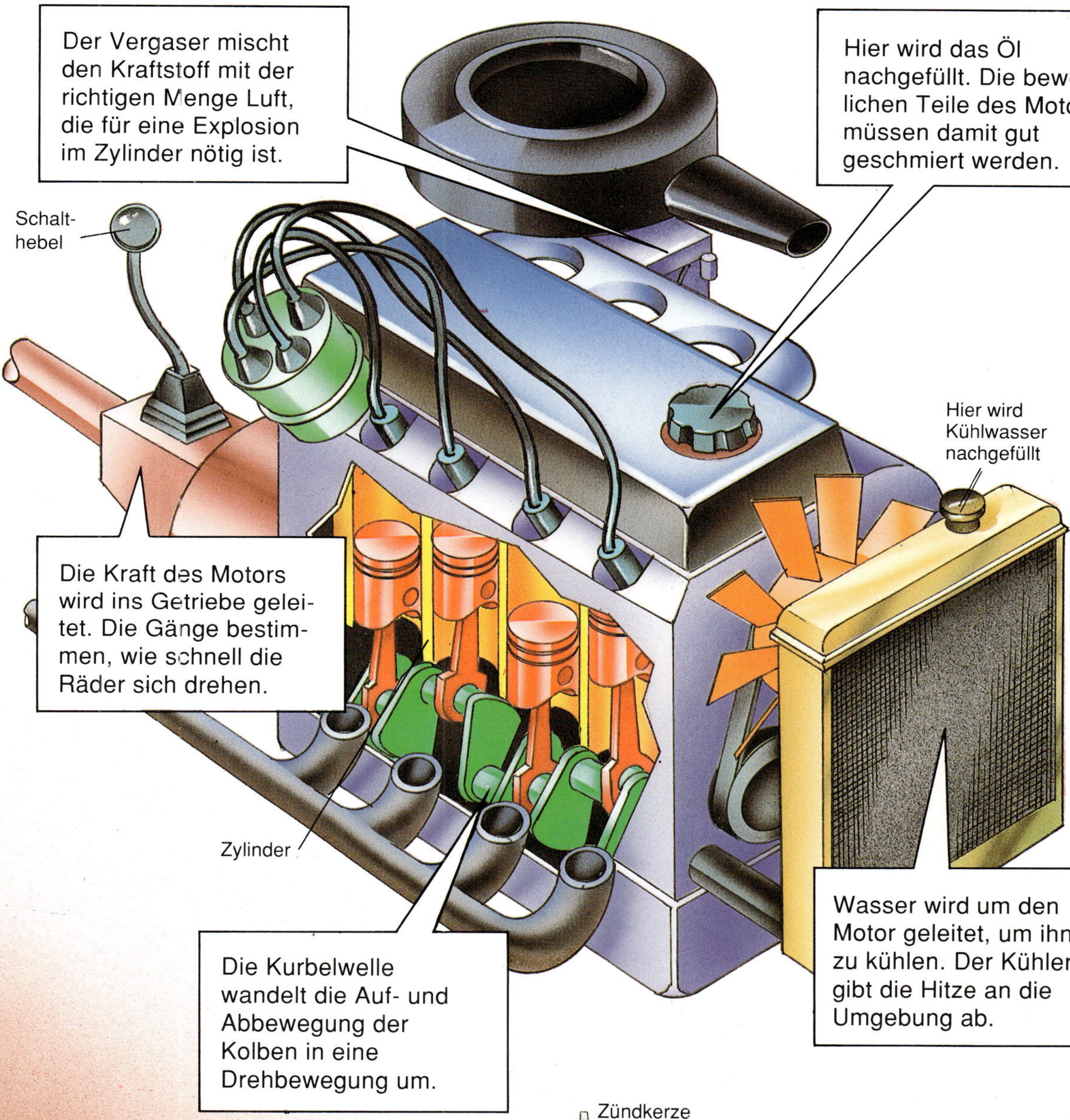

MEHR ÜBER ZYLINDER

Die Kraft wird im Zylinder in vier Schritten erzeugt: Zuerst wird das Kraftstoff-Luft-Gemisch angesaugt, dann zusammengepreßt, wobei es

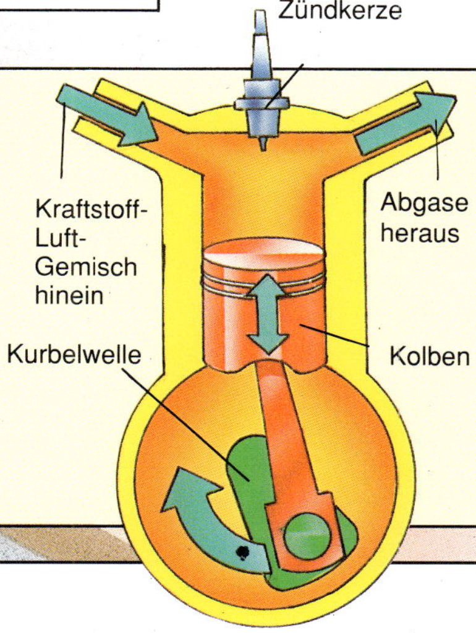

sich erhitzt. Ein Funke der Zündkerze bringt das Gemisch zur Explosion, die den Kolben nach unten drückt. Die entstehenden Abgase werden herausgepreßt, wenn der Kolben sich nach oben bewegt.

Woher kommt das Leitungswasser?

Unser Trinkwasser fällt zunächst als Regen auf die Erde, von wo es in Flüsse oder ins Grundwasser gelangt. Es wird in Rohren ins Wasserwerk geleitet und dort gereinigt, daß man es gefahrlos trinken kann. Unterirdische Wasserrohre befördern das Wasser in jedes Haus zu einem Hauptanschluß. Von dort versorgt eine Rohrleitung alle Kaltwasserhähne im Haus sowie den Warmwasserboiler, an dem die Rohre für das Warmwasser angeschlossen sind.

SCHON GEWUSST?

In Ländern wie den USA oder Deutschland verbraucht jeder Mensch bis zu 200 Liter Wasser am Tag. Dazu gehört Wasser zum Trinken und Kochen, für ein Bad (80 Liter), zum Wäschewaschen und für die Toilettenspülung (20 Liter). In manchen ärmeren, trockenen Ländern verbraucht ein Mensch nur 15 Liter Wasser am Tag.

WIE MAN WASSER FILTERT

Klärwerke verwenden große Sand- und Schotterflächen, um das Wasser zu filtern. Im kleinen kannst du das nachmachen.

1 Mische etwas Wasser mit ein wenig Erde.

2 Setze einen Trichter oder das abgeschnittene Oberteil einer Plastikflasche in ein Glas und stecke einen Kaffeefilter hinein.

3 Schütte etwas nassen, sauberen Sand in den Filter.

4 Gieße das schmutzige Wasser langsam in den Filter. Die Sandschicht fängt die groben Schmutzteilchen, das Filterpapier die feineren.

5 Das Wasser, das in das Glas tropft, sieht viel sauberer aus.

Vorsicht! Auch wenn das Wasser jetzt sauber aussieht, enthält es immer noch Bakterien. Also nicht trinken!

Wie funktioniert ein Wasserhahn?

Ein zugedrehter Wasserhahn ist dicht, weil eine Gummidichtung in seinem Innern die Leitung verschließt. Wenn du den Hahn aufdrehst, gibt eine Schraube die Gummidichtung frei. Das Wasser in der Leitung drückt die Dichtung nach oben, es fließt vorbei und läuft aus dem Hahn. Beim Zudrehen drückst du die Dichtung wieder auf die Leitung.

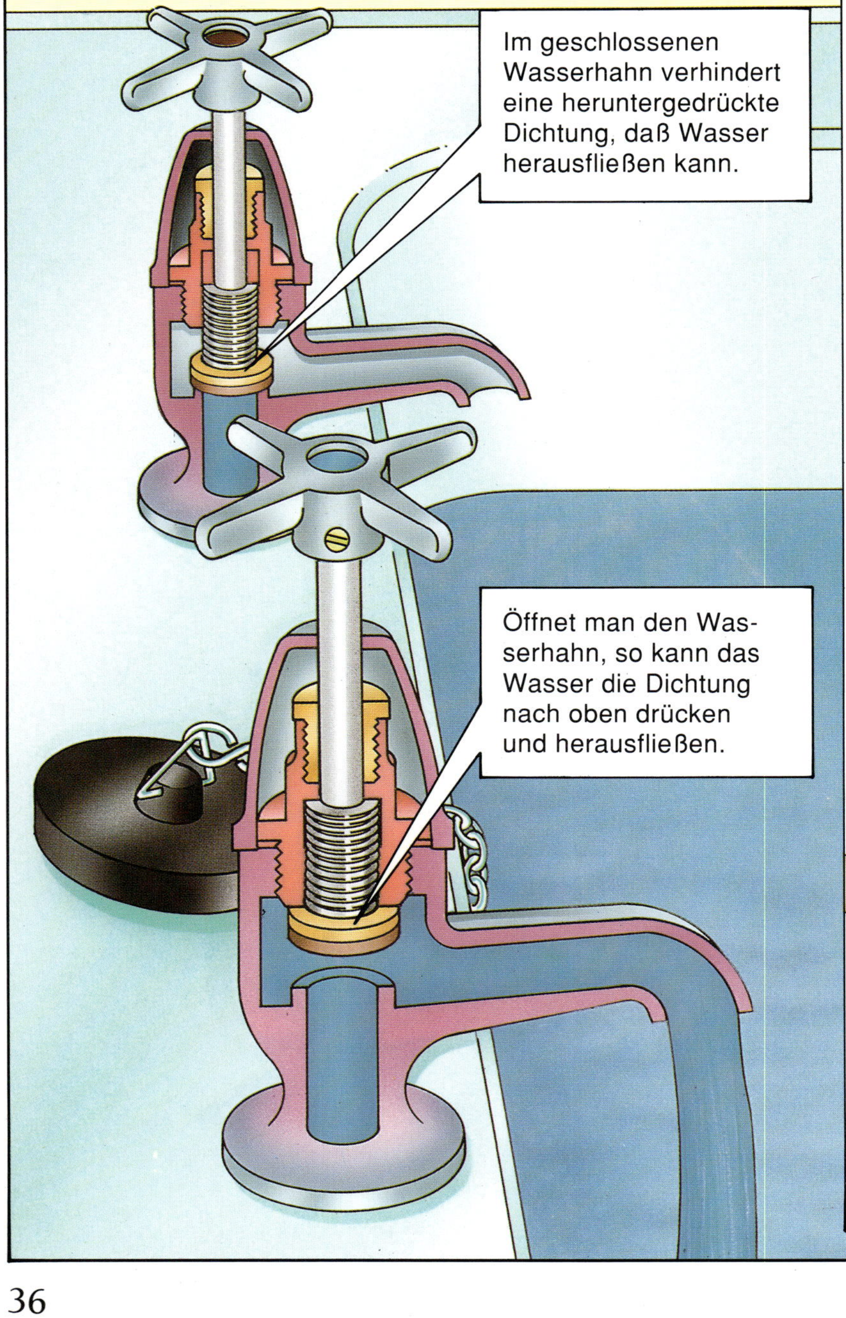

BASTLE EINE DICHTUNG

So funktioniert die Dichtung in einem Wasserhahn.

1 Befestige einen Klumpen Knetmasse am Ende eines Bleistifts. Wickle etwas Plastikfolie darum und befestige sie mit einem Gummi.

2 Verschließe den Hals einer abgeschnittenen Plastikflasche mit der Dichtung und fülle sie mit Wasser.

3 Ziehe die Dichtung nach oben: Wasser fließt heraus. Druck nach unten verschließt die Flasche wieder.

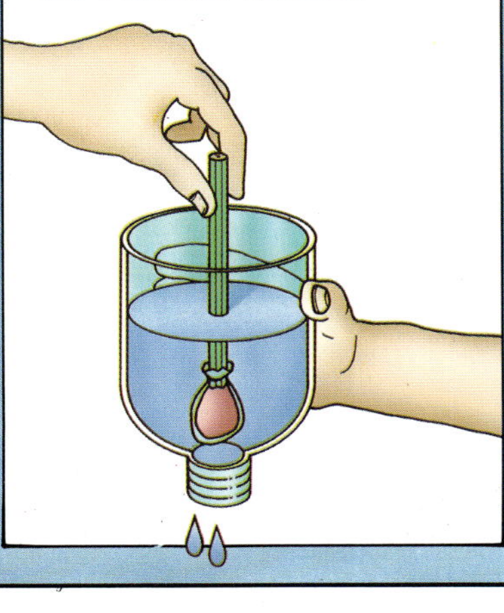

Wie funktioniert eine Wasserspülung?

Wasserspülungen füllen die Kloschüssel mit frischem Wasser aus dem Spülkasten und verdrängen so das schmutzige Wasser. Hier wird erklärt, wie eine Spülung mit Schwimmer funktioniert. Modernere Modelle funktionieren eher nach dem Prinzip des Wasserhahns, also mit einer Dichtung.

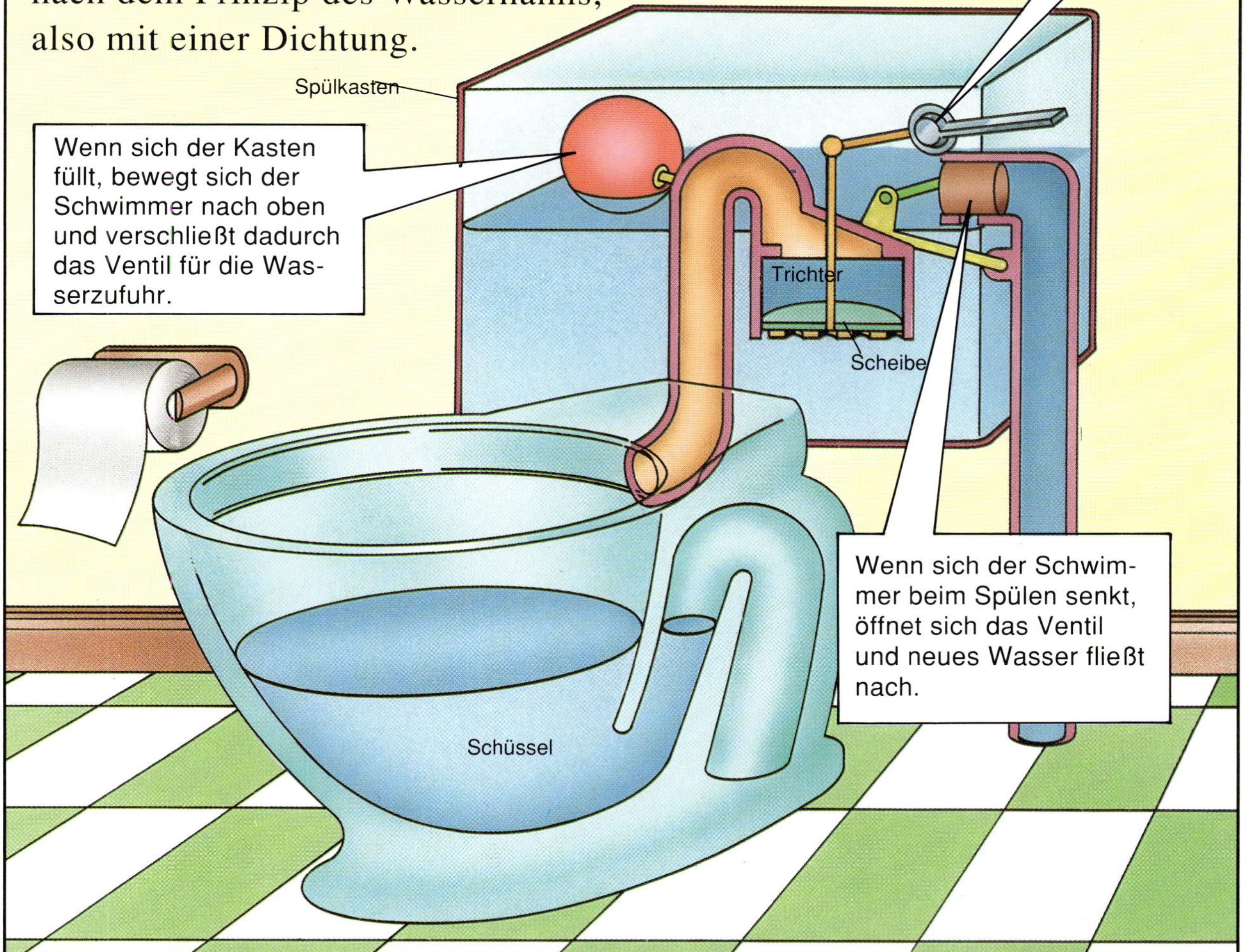

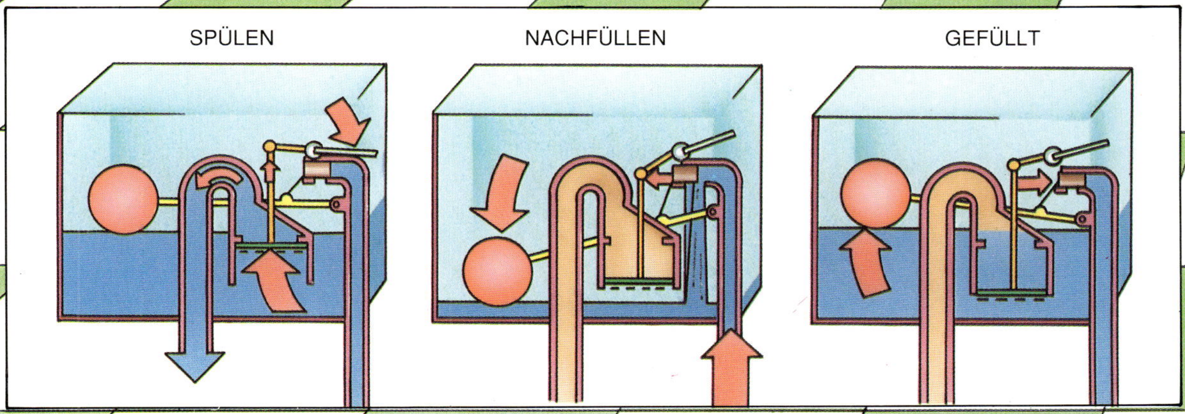

Was geschieht mit unserem Müll?

Lange Zeit haben die Menschen alle Arten von Abfall einfach weggeworfen und in riesigen Mülldeponien gelagert. Àber es gibt kaum noch Platz für neue Mülldeponien. Auch die Rohstoffe zur Herstellung neuer Gegenstände werden knapp. Deswegen kann man Müll heute trennen und die einzelnen Müllarten wiederverwerten. Man nennt das Recycling.

SCHON GEWUSST?

Recycling spart auch Energie. Man braucht weniger Energie, um aus alten Dosen und Gläsern neue zu machen oder Altpapier wiederzuverwerten, als alle Dinge aus Rohstoffen neu herzustellen.

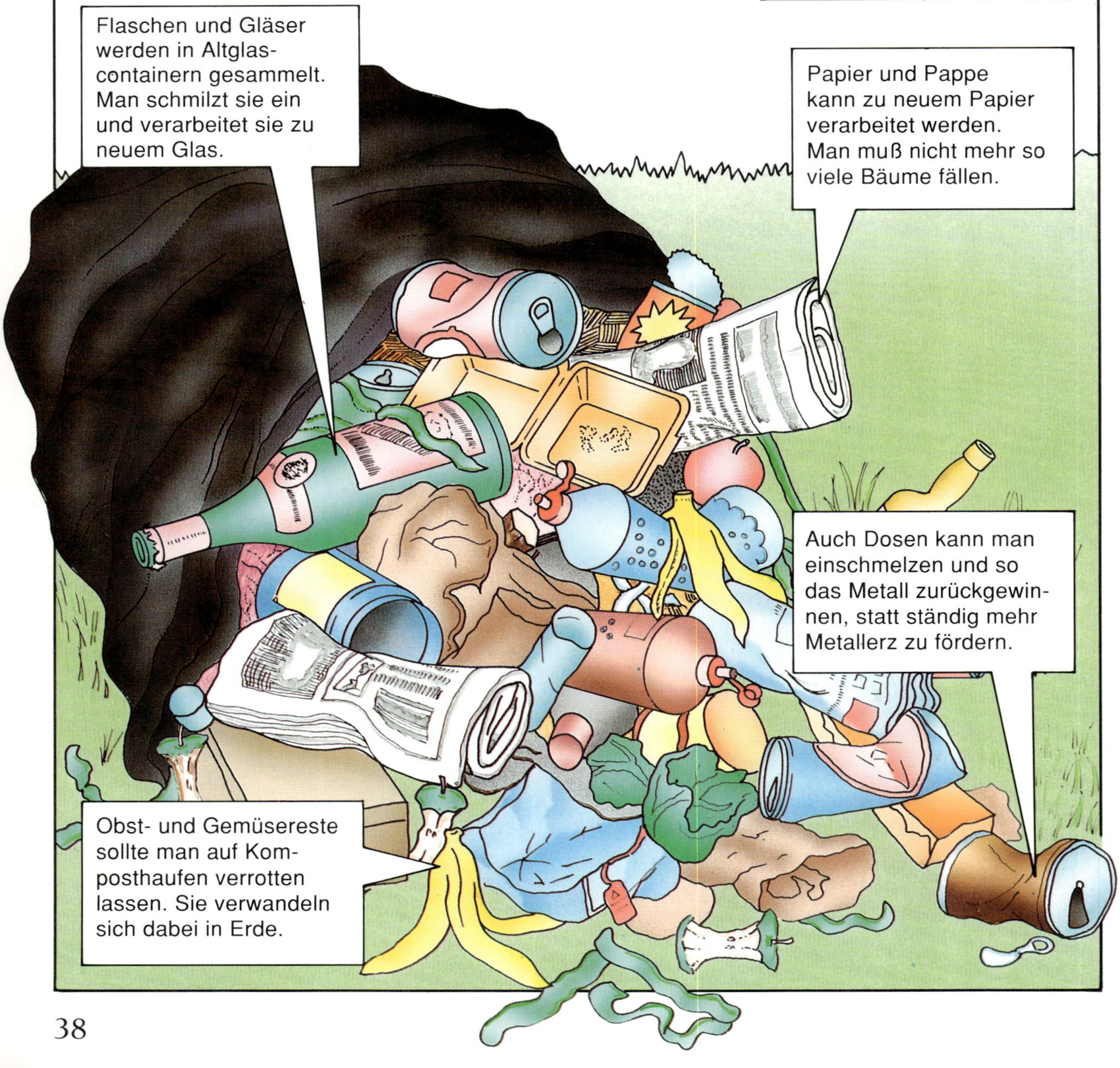

Wichtige Begriffe

Antenne: Ein meist schüssel- oder stabförmiges Metallteil zum Empfang von Radiowellen.

Elektron: Ein unsichtbar kleines, elektrisch geladenes Teilchen.

Isolator: Ein spezielles Material, das Hitze, Strom oder Schall nicht oder nur schwer durchläßt. Isolatoren schützen zum Beispiel vor elektrischen Schlägen an Kabeln.

Mikrochip: Ein Mikrochip ist ein kleines elektronisches Bauteil, das elektrische Signale speichert oder bearbeitet. Er ist das wichtigste Teil von Taschenrechnern und Computern, wird aber auch in Waschmaschinen, Autos und ähnlichem eingesetzt.

Mikrofon: Es fängt Schallwellen auf und verwandelt sie in elektrische Signale, die es über Kabel weitergibt.

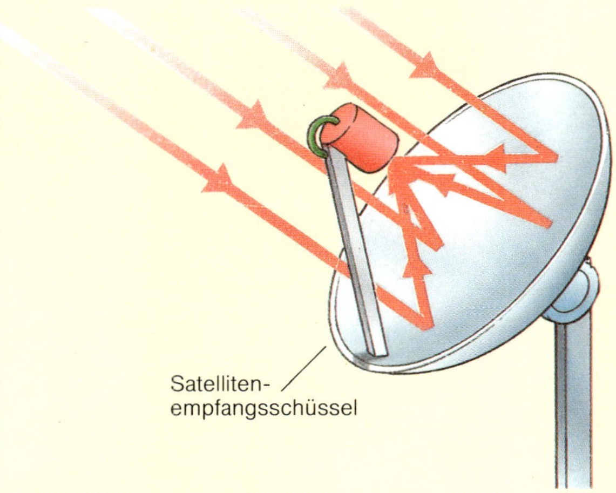

Mikrowelle: Eine unsichtbare Welle, ähnlich der Radiowelle. Mikrowellen werden verwendet, um Signale von und zu Satelliten zu senden. Im Mikrowellenherd verwendet man sie auch zum Kochen.

Recycling: Abfall verwerten, indem man ihn wieder aufarbeitet und als Rohstoff verwendet.

Satellit: Ein Himmelskörper, der einen Planeten umkreist. Der Mond ist zum Beispiel ein Satellit der Erde. Künstliche Satelliten werden in den Weltraum befördert und können Telefongespräche um die ganze Welt vermitteln.

Stromkreis: Ein Kreis, in dem elektrischer Strom fließt.

Thermostat: Ein Gerät, das automatisch die Temperatur kontrolliert. Es kann zum Beispiel eine Heizung einschalten, wenn es zu kalt wird, und bei zu großer Hitze wieder abschalten.

Transformator: Gerät, das die elektrische Spannung und Stromstärke verändert.

Vakuum: Völlig leerer Raum, enthält nicht einmal Luft.

Ventil: Es regelt die Strömung von Gas oder Flüssigkeit. Meistens läßt es nur eine Strömungsrichtung zu.

Zylinder: Bezeichnung für einen runden, länglich geformten Körper.

Register